CYRANO
DE BERGERAC

Edmond Rostand

CYRANO
DE BERGERAC

Tradução livre
FERREIRA GULLAR

2ª edição

JOSÉ OLYMPIO
E D I T O R A
Rio de Janeiro, 2011

Título do original em língua francesa
CYRANO DE BERGERAC

© Tradução Ferreira Gullar

Reservam-se os direitos desta edição à
EDITORA JOSÉ OLYMPIO LTDA.
Rua Argentina, 171 – 3º andar – São Cristóvão
20921-380 - Rio de Janeiro, RJ – República Federativa do Brasil
Tel.: (21) 2585-2060
Printed in Brazil / Impresso no Brasil

Atendimento direto ao leitor:
mdireto@record.com.br
Tel.: (21) 2585-2002

ISBN 978-85-03-01012-2

Capa: CRISTIANA BARRETTO E FLÁVIA CAESAR/FOLIO DESIGN
Diagramação: ALTA RESOLUÇÃO

Livro revisado segundo o novo Acordo Ortográfico da Língua Portuguesa.

CIP-BRASIL. CATALOGAÇÃO NA FONTE
SINDICATO NACIONAL DOS EDITORES DE LIVROS, RJ

G983c Gullar, Ferreira, 1930-
2.ed.   Cyrano de Bergerac / Edmond Rostand ; tradução livre de Ferreira
        Gullar. - 2.ed. - Rio de Janeiro : José Olympio, 2011.
        21cm

        Adaptação de: Cyrano de Bergerac / Edmond Rostand
        Contém dados biobibliográficos
        ISBN 978-85-03-01012-2

        1. Teatro francês (Literatura). I. Rostand, Edmond, 1868-1918.
    Cyrano de Bergerac. II. Título.

11-2828.   CDD: 842
                        CDU: 821.133-1-2

SUMÁRIO

A tradução	9
Elenco	11

CYRANO DE BERGERAC

PRIMEIRO ATO

Primeira cena	17
Segunda cena	22
Terceira cena	30
Quarta cena	34
Quinta cena	55
Sexta cena	61
Sétima cena	63

SEGUNDO ATO

Primeira cena	71
Segunda cena	73
Terceira cena	75
Quarta cena	79

Quinta cena	84
Sexta cena	85
Sétima cena	94
Oitava cena	106
Nona cena	109
Décima cena	115
Décima primeira cena	122

TERCEIRO ATO

Primeira cena	127
Segunda cena	132
Terceira cena	138
Quarta cena	140
Quinta cena	142
Sexta cena	145
Sétima cena	148
Oitava cena	155
Nona cena	156
Décima cena	159
Décima primeira cena	163
Décima segunda cena	164
Décima terceira cena	170

QUARTO ATO

Primeira cena	175
Segunda cena	178

Terceira cena	180
Quarta cena	184
Quinta cena	192
Sexta cena	198
Sétima cena	203
Oitava cena	209
Nona cena	213
Décima cena	216

QUINTO ATO

Primeira cena	227
Segunda cena	231
Terceira cena	237
Quarta cena	240
Quinta cena	242
Sexta cena	252
Sobre o autor	261

A TRADUÇÃO

Ferreira Gullar

ESTA PEÇA É FRUTO de um romantismo tardio. Foi montada pela primeira vez em 1897, quando em todos os campos da arte — no teatro, na literatura, na música, na pintura — já se desencadeara o processo de renovação que iria determinar as vanguardas do século XX. Não obstante, *Cyrano de Bergerac* estreou com enorme êxito e, desde então, afirmou-se como um clássico da literatura teatral. As razões que levaram à consagração desta obra de Edmond Rostand são muitas e de difícil determinação, mas uma delas é certamente a sua qualidade teatral: *Cyrano* é a proposição de um espetáculo sempre fascinante.

O texto original está escrito em versos dodecassílabos de realização fluente e brilhante. Mas, nos momentos poéticos e patéticos, o autor não consegue furtar-se aos vícios do romantismo academizado e piegas. Procurei tanto quanto possível, na minha tradução, evitar essas derrapagens, afastando-me do discurso do autor.

Essa não é, porém, a única diferença entre o meu texto em português e o original francês. De saída, substituí o verso alexandrino pelo decassílabo, que me parece mais espontâneo e musical em nossa língua. Tampouco me ative ao sistema de rimas parelhas que Rostand adotou ao longo de toda a peça. Uso arbitrariamente das rimas: ora parelhas, ora intercaladas, ora internas, ora perfeitas, ora sonantes, enfim, sem prender-me a qualquer sistema regular. Trata-se, portanto, de uma tradução livre que não segue palavra por palavra o texto original. Isso levou, em certos momentos, à supressão de falas e à substituição de trechos inteiros por outros, de minha autoria, em que procurei, no entanto, preservar o sentido original e a intenção do autor. Tudo isso decorre da atitude básica que tomei diante da tarefa que me foi solicitada por Flávio Rangel: realizar uma tradução que funcione teatralmente. Seria impossível conseguir esse resultado se me dispusesse a traduzir *ipsis literis* o texto de Rostand. De fato, a leitura atenta do original francês revela que muitas das falas surgiram na forma em que estão por necessidade de adequar-se o autor ao sistema de métrica e rima que escolhera. A peça escrita em prosa teria certamente diálogos bem diversos na maioria das situações vividas pelos personagens. Não seria, portanto, aconselhável, ao fazer a tradução — tendo que enfrentar em português dificuldades semelhantes às que o autor enfrentou em francês —, que me submetesse à forma estrita do original. Se assim procedesse o resultado seria inevitavelmente um texto prolixo, duro, inespontâneo, teatralmente inviável.

Estas são as explicações que gostaria de dar. Fora disso, todas as deficiências que a tradução apresente são deficiências mesmo. Não cabe desculpa.

CYRANO DE BERGERAC
(COMÉDIA EM CINCO ATOS)

Cyrano de Bergerac, de Edmond Rostand com tradução de Ferreira Gullar, espetáculo encenado pela primeira vez no Brasil, estreou a 5 de setembro de 1985 no Teatro Cultura Artística em São Paulo.

ELENCO

Antonio Fagundes	Cyrano
Bruna Lombardi	Roxana
Antoine Rovis	Cristiano
Jorge Chaia	Le Bret
João José Pompeo	De Guiche
Antonio Petrin	Ragueneau
Neusa Maria Faro	Aia/Madre Margarida
Monalisa Lins	Vendedora de Flores / Lise / 1ª Mulher / Irmã Marta
Walter Breda	Lignière / Cadete
Tácito Rocha	Impertinente / 4º Poeta / Teofraste Renaudot / Capuchinho / Espanhol

Sérgio de Oliveira	Valvert / Cadete
Renato Dobal	Cuigy
Paco Sanchez	Brissaille
Márcia Regina	Preciosa / Comediante / 2ª Mulher / Irmã
Graça Berman	Vendedora do Bufê / Comediante / Preciosa / 3ª Mulher / Irmã Clara
Maria Duda	Preciosa / Comediante / 4ª Mulher / Irmã
Regina Piccin	Música (alaúde) / Irmã
Luiz Fernando Rezende	Montfleury / Cozinheiro / Marquês / Cadete / Sentinela Espanhol
Cilas Gregório	Cardeal Richelieu / Mosqueteiro / Cadete / Oficial Espanhol
Yur Fogaça	Cavalheiro / 3º Poeta / Cadete / Espanhol
Luiz Carlos Ribeiro	Burguês / 1º Poeta / Cadete / Espanhol
Nivaldo Todaro	Jodelet / 2º Poeta / Cadete
Domingos Fuschini	D'Artagnan / 2º Pasteleiro / Cadete / Espanhol
Luís Amaro Pêra	Marquês / Cadete
Luca Baldovino	Bellerose / Cadete / Espanhol
Célio di Malta	Cavalheiro / Cadete / Espanhol
Newton Oliveira	Porteiro / 1º Pasteleiro / Cavalheiro / Cadete / Espanhol
Jarbas Toledo	Cavalheiro / Cadete / Espanhol
Lé Zurawski	Músico (flauta) / Cadete

Roberto Mars Jr.	Cavalheiro / 3º Pasteleiro / Poeta Elegante / Cadete / Espanhol
Marcelo Michelazzo	Cavalheiro / Cadete / Espanhol
Carlos Clean	Lacaio / Cadete / Espanhol
Angelo Cavallieri	Cavalheiro / Cadete / Espanhol
Sérgio Chica	Músico (percussão) / Cadete
Emerson de Biaggi	Músico (viola) / Cadete / Espanhol
Cenários	Gianni Ratto
Figurinos	Kalma Murtinho
Música e Direção Musical	Murilo Alvarenga
Coreografia	Clarisse Abujamra
Efeitos Especiais	Victor Lopes
Mestre de Armas	Angelo Pio Buonafina
Produção e Administração	Marga Jacoby / João Roberto Simões / Lenine Tavares
Produtores	Lenine Tavares / Fagundes Produções / Sergio Ajzenberg / Marga Jacoby
Assistente de Direção	Narcy Júnior
Iluminação, Adaptação e Direção Geral	Flávio Rangel

PRIMEIRO ATO

UMA REPRESENTAÇÃO NO PALÁCIO DE BORGONHA

A SALA DO PALÁCIO DE BORGONHA em 1640. Espécie de alpendre para o jogo de pela, adaptado para representações teatrais. A sala é mais comprida que larga; do ponto de vista da plateia, um dos lados compõe o fundo que, partindo do primeiro plano da direita, vai ao último da esquerda, formar ângulo com a cena que aparece recortada. Os dois lados do palco, ao longo dos bastidores, estão ocupados por bancos. O pano é formado por duas tapeçarias que, ao se afastarem, mostram a cena. Colocadas sobre a boca do cenário, veem-se as armas reais. Do palco para a sala, desce-se por amplos degraus. Há, de ambos os lados da escada, espaços para violinistas. A ribalta é iluminada por velas.

Duas filas superpostas de galerias laterais; a superior está dividida em camarotes. No pátio, que é o cenário do teatro, não há cadeiras; ao fundo do pátio, isto é, à direita, no primeiro plano, alguns bancos formam bancadas e, debaixo de uma escada que conduz aos lugares superiores e da qual não se veem mais que os primeiros degraus, uma espécie de bufê, ornamentado com pequenos candelabros, jarros com flores, taças de cristal, frascos, pratos com doces etc.

Ao fundo, no meio, sob a galeria de camarotes, a entrada do teatro. Sobre os batentes, assim como em vários pontos, cartazes vermelhos em que se lê: *A Clorisa*, de Balthasar Baro.

Quando o pano sobe, a sala se encontra em semiobscuridade e vazia ainda. Os lustres, postos no meio do palco, estão apagados.

PRIMEIRA CENA

O público que pouco a pouco vem entrando. Cavaleiros,
burgueses, lacaios, pajens, descuidistas, o porteiro etc.
Depois os marqueses, CUIGY, BRISSAILLE, a VENDEDORA
DO BUFÊ, OS VIOLINISTAS etc.
Atrás da porta, ouve-se um vozerio e logo um CAVALEIRO
entra abruptamente.

O PORTEIRO (*seguindo-o*)
E os quinze soldos?
CAVALEIRO
Eu entro de graça!
Sou cavaleiro da Casa do Rei.
PORTEIRO (*a um outro cavaleiro que acaba de entrar*)
E você? Ahn! Sem ingresso não passa!
CAVALEIRO
Sou mosqueteiro e não pagarei!
1º CAVALEIRO (*ao segundo*)
Isso tão cedo não vai começar.
Saque do florete e vamos treinar.
[Esgrimam.]
UM LACAIO (*ao entrar*)
Pst... Flanquin...

Um Outro (*que já chegara*)
Champagne?
Lacaio (*mostrando-lhe cartas e dados que tira do gibão. Senta-se no chão*)
Vamos lá?
O Segundo (*senta-se também*)
Sem roubalheira: é toma-lá-dá-cá!
Lacaio (*tirando do bolso um toco de vela que acende e cola no chão*)
Eu afanei do amo... E tu, estás duro?
O Segundo
[Põe o dinheiro da aposta no chão; o outro o imita.]
Não!
Um Guarda (*a uma florista que se aproxima*)
Bom que a sala ainda está no escuro!
[Abraça-a pela cintura.]
Um dos Espadachins (*ao receber uma estocada*)
Tocado!
Um dos Jogadores
Paus!
O Guarda (*perseguindo a florista*)
Um beijo!
Florista
Podem ver!
O Guarda (*arrastando-a para a sombra*)
Que nada! Vem! Não tens o que temer!
Um Homem (*que se senta no chão entre outros que trouxeram comida*)
Comendo como um cão! Não tem vergonha?
Um Burguês (*com seu filho*)
Vamos pra ali.

UM JOGADOR
Valete!

UM HOMEM (*sacando uma garrafa de sob o capote*)
Sem meu borgonha
Não venho a este Palácio de Borgonha!

O BURGUÊS (*ao filho*)
Que ambiente!

[Aponta para o bêbado com a bengala.]

Bêbados!

[Ao recuar, um dos espadachins o empurra.]

Brigões!

[Cai entre os jogadores.]

Jogadores!

O GUARDA (*atrás dele, importunando a florista*)
Um beijo!

O BURGUÊS (*afastando o filho*)
E supões!
É nessa sala que se representa
Corneille!

UM GRUPO DE PAJENS (*de mãos dadas dançam uma farândola e cantam*)
Tra la la la la tra la la la

O PORTEIRO (*aos PAJENS, severo*)
Chega! Ninguém aguenta esta baderna!

UM PAJEM (*digno*)
É finda a brincadeira!

[Com vivacidade, logo que o PORTEIRO dá as costas.]

Uma linha?

O Segundo

Um anzol!

Pajem

E lá de cima
vamos pescar algumas cabeleiras!

> [A confusão continua. Alguns trazem ervilhas para soprar com zarabatanas. O descuidista espera o momento de agir.]

Filho do Burguês (*ao pai*)

Que vamos ver?

O Burguês

A *Clorisa*, uma obra-prima!

Filho

Quem é o autor?

O Burguês

É Baltazar Baro.

> [Enquanto fala, o descuidista tenta bater-lhe o relógio. O filho vê, o homem se afasta e vai roubar o lenço de outro. Continua a agir enquanto a ação prossegue em cena.]

O Burguês (*ao filho*)

Grandes atores vamos ver aqui!

O Filho

Hoje?

O Burguês

Sim, hoje. O grande Montfleury...

Alguém (*gritando da galeria superior*)

Os lustres! Está na hora de acender!

O Burguês

... Bellerose, l'Épy e Jodelet!

VENDEDORA

[Entra a VENDEDORA DO BUFÊ. Isso desperta o interesse de alguns dos presentes. Ela se coloca atrás do balcão e passa a servir os fregueses.]

Tem laranja, tem leite, tem licor.

UM MARQUÊS (*que entra e empurra alguns*)

Dá o fora daqui, seu malfeitor!

[Depara com outros cavaleiros que chegaram antes dele.]

Cuigy! Brissaille!

CUIGY

Sim, os pontuais!

Como sempre, chegamos cedo demais!

MARQUÊS

Nem fale! Estou com uma disposição!

UM OUTRO

Pronto! Chegou o acendedor de lampião!

[A sala inteira saúda o acendedor de lampião que entra.]
[Muitos agrupam-se em redor dos lustres que ele acende, outros vão ocupando os lugares na galeria. LIGNIÈRE entra no pátio dando o braço a CRISTIANO DE NEUVILLETTE. LIGNIÈRE vem um pouco desalinhado. Tipo de alcoólatra, embora distinto. CRISTIANO vestido com elegância, mas um tanto fora de moda, parece preocupado com os camarotes.]

SEGUNDA CENA

Os mesmos, CRISTIANO, LIGNIÈRE, depois RAGUENEAU
e LE BRET.

CUIGY
Lignière!
BRISSAILLE
Não está de porre ainda não!
LIGNIÈRE (*a* CRISTIANO)
Queres que te apresente?
O Barão

> [CRISTIANO faz que sim com a
> cabeça.]
de Neuvillette.

> [Saudações.]
A SALA (*aclamando o primeiro lustre aceso*)
Ah!
CUIGY (*a* BRISSAILLE, *olhando para* CRISTIANO)
Um bem moldado
rosto!
PRIMEIRO MARQUÊS
Ora!
LIGNIÈRE (*apresentando-os a* CRISTIANO)
Os senhores de Cuigy
e Brissaille.

CRISTIANO

Senhores, encantado!

PRIMEIRO MARQUÊS

Bonito é... mas essa moda eu a vi
há alguns anos!...

LIGNIÈRE (*a* CUIGY)

Chegou de Touraine
há pouco.

CRISTIANO

Por favor, não me condene
por minhas roupas. Estou em Paris
faz dias só! Vou ser cadete
nos Guardas.

PRIMEIRO MARQUÊS (*que observa os camarotes*)

Veja! A presidente Aubry!

[Os VIOLINISTAS afinam os violinos.]

SEGUNDO MARQUÊS (*apontando as que entram*)

A senhora De Guéméné... Dauphin...

BRISSAILLE

Que nós amamos... A de Chavigny!

LIGNIÈRE (*ao ver entrar um homem*)

Vejam! Corneille voltou de Rouen!

[Chamando CRISTIANO à parte.]

Eu vir aqui já foi um sacrifício.
Se a dama não vem, volto ao meu vício!

CRISTIANO (*que implora*)

Não, por favor, não saberei falar-lhe!
Temo que seja muito requintada.
Não falo bem e não queria dar-lhe
uma impressão ruim. Não custa nada
ajudar-me!

LIGNIÈRE (*faz menção de sair*)
     Eu me vou.

CRISTIANO
          Não, por favor!

LIGNIÈRE
Na Taverna me esperam... O que me pede
é demais! Aqui morro de sede!

              [Gritos entre o público com a entrada de um homenzinho gorducho e risonho.]

CRISTIANO
O que houve? Quem é?

LIGNIÈRE
          É Ragueneau!

LIGNIÈRE (*a* CRISTIANO)
É mau poeta e grande pasteleiro.

RAGUENEAU (*vestido como pasteleiro endomingado, a* LIGNIÈRE)
Não viste aqui o senhor De Cyrano?

LIGNIÈRE (*apresentando-o a* CRISTIANO)
Ele é o pasteleiro dos poetas!

RAGUENEAU (*confuso*)
Muita honra...

LIGNIÈRE
     E não diga que não.

RAGUENEAU
Sim, os atendo em minha modesta casa.

LIGNIÈRE
     E fiado na inspiração
pois também é poeta de talento.

RAGUENEAU
É o que dizem os que põem fermento
em minha vaidade...

LIGNIÈRE

O que importa
é que, por um poema, dá uma torta...

RAGUENEAU

Uns pãezinhos de leite... E Cyrano?
Será que ele não vem como afirmou?

LIGNIÈRE

Ahn?

RAGUENEAU

Ele proibiu a Montfleury
de por um mês apresentar-se aqui.

LIGNIÈRE

Ah, proibiu?

RAGUENEAU

Ameaçou quebrar-lhe a venta!

LIGNIÈRE

E então?

RAGUENEAU

Montfleury diz que representa!

CUIGY (*que se aproximou com seu grupo*)
Não o pode impedir.

[LIGNIÈRE e CRISTIANO dirigem-se
ao bufê e pedem bebida.]

PRIMEIRO MARQUÊS

E Cyrano,
quem é?

CUIGY

É um rapaz muito versado
em estocadas.

SEGUNDO MARQUÊS

É nobre esse senhor?

CUIGY
É cadete nos Guardas... Ao seu lado,

[Indicando um cavaleiro que vai
e vem pela sala como se buscasse
alguém.]

tem sempre aquele lá: Le Bret.

[Chamando-o.]

Le Bret!

[A LE BRET que atende ao cha-
mado.]

Procuras Cyrano?

LE BRET

Procuro

e estou inquieto!...

CUIGY

Não é certo

que ele é um homem fora do comum?

LE BRET (*com ternura*)
É extraordinário! Há muito que aturo
esse estranho ser sublunar!

RAGUENEAU
É poeta!

CUIGY

Brigão!

BRISSAILLE

Músico!

LE BRET

Físico!

LIGNIÈRE
Seu aspecto mesmo é invulgar!

RAGUENEAU
Não diria que tem nada de bíblico
mas é o mais louco dos espadachins:
chapéu de três penachos, um gibão
de seis abas e a espada sempre à mão!
Sem falar do seu colossal nariz
que de tão colossal chega aos confins
do absurdo! E até leva a pensar
que ele é postiço, que ele o vai tirar
a qualquer hora...

LE BRET
                    E ai de quem diz
alguma coisa sobre esse nariz!

RAGUENEAU
E ninguém se compara ao seu valor!

PRIMEIRO MARQUÊS (*dando de ombros*)
Mas ele não virá!

RAGUENEAU
                    Acho que vem!

PRIMEIRO MARQUÊS
Não vem!

RAGUENEAU
            Aposto um frango à Ragueneau!

O MARQUÊS (*rindo*)
Aceito!

[Murmúrios de admiração na sala. ROXANA acaba de entrar no camarote. Senta-se à frente, a AIA fica sentada ao fundo. CRISTIANO, comprando no bufê, não a viu ainda.]

SEGUNDO MARQUÊS
Ela é suavemente bela!

PRIMEIRO MARQUÊS
Tem lábios de morango!

LIGNIÈRE (*que olha*)
Ah! É ela!

CRISTIANO
Sim, o seu nome! Ah, ela me apaixona!

LIGNIÈRE
Madeleine Robin... Melhor: Roxana!
Fina, preciosa...

CRISTIANO
Ah, pobre de mim!

LIGNIÈRE
Livre. Órfã. Prima de Cyrano —
esse de quem há pouco se falou.

[Naquele momento, um cavalheiro muito elegante, uma faixa azul cruzando-lhe o peito, entra no camarote e, de pé, conversa com ROXANA.]

CRISTIANO (*estremecendo*)
E aquele lá?...

LIGNIÈRE (*que começa a dar sinais de embebedar-se e pisca os olhos*)
Olá, lá! É o conde
De Guiche, aparentado de Richelieu.
Ele é casado, porém não esconde
sua paixão por ela. E quer casar
a pobre da Roxana com um tal de Valvert.
É poderoso e pode obrigar
a moça a assumir o compromisso.

E ele me detesta porque fiz
uma canção denunciando isso!
Escuta aí!...

> [Levanta-se de copo na mão, cambaleia.]

CRISTIANO
Não, não. Já vou.

LIGNIÈRE
Pra onde?

CRISTIANO
Vou ver Valvert. Quem sabe ele me diz
o que pretende!

LIGNIÈRE
É muito arriscado!
Fica rapaz!... Você está sendo olhado...

> [Indica ROXANA com o olhar.]

CRISTIANO
É mesmo!

> [Fica contemplando-a. O bando dos descuidistas, ao vê-lo assim, aproxima-se dele.]

LIGNIÈRE
Tenho sede e já me vou!
Esperam-me.

LE BRET
Nem sinal de Cyrano!

RAGUENEAU
É cedo ainda... Cyrano não foge!

LE BRET
Talvez não saiba da sessão de hoje.

> [A sala começa a bater palmas ritmadas exigindo o começo do espetáculo.]

TERCEIRA CENA

Os mesmos, menos LIGNIÈRE; DE GUICHE, VALVERT,
depois MONTFLEURY.

UM MARQUÊS (*ao ver* DE GUICHE *que desce do camarote de*
ROXANA *e atravessa o palco rodeado por cavaleiros obsequiosos,*
entre os quais VALVERT)
Que corte tem esse De Guiche, não?
UM OUTRO
Ora De Guiche! É mais um gascão!

> [DE GUICHE sobe ao palco e de lá
> chama.]

DE GUICHE
Vem, Valvert!
CRISTIANO (*ao ouvir esse nome*)
Vou atirar-lhe à cara a...

> [Ao meter a mão no bolso encon-
> tra a mão do DESCUIDISTA.]

Hem!
DESCUIDISTA
Ui!
CRISTIANO
Em vez da luva encontro a mão...!

> [O DESCUIDISTA solta-se de CRIS-
> TIANO e se afasta rindo.]

30

[Um PAJEM pesca, com um anzol, a peruca de um burguês. Ele se assusta. A gargalhada é geral. Ele é careca. De repente, as gargalhadas vão silenciando e vê-se entrar solenemente a figura do cardeal Richelieu. O silêncio é total. Ele se senta. Ouvem-se então as pancadas que anunciam o começo do espetáculo.]

LE BRET (*a* RAGUENEAU)

Que achas? Montfleury entra em cena?

RAGUENEAU

Claro. Não veio Cyrano... Que pena!

Perdi a aposta, que fiz com o tal senhor.

LE BRET

Pois eu acho melhor! É bem melhor!

[Ouve-se uma ária e MONTFLEURY aparece em cena, enorme, em trajes de pastor, um chapéu guarnecido de rosas, a tocar uma gaita de foles enfeitada.]

O PÁTIO (*aplaudindo*)

Montfleury! Montfleury!

MONTFLEURY (*depois de saudar*)

"Feliz de quem,

vive o desterro que se impôs a si

próprio, longe da corte, e sem ninguém... "

UMA VOZ (*no meio do público*)

Para, velhaco! Não te proibi

de aqui representar durante um mês?

[Espanto. Todos se voltam. Murmúrios.]

DIFERENTES VOZES

O que é isto? — O que há? — Será que ouvi?

[Nos camarotes levantam-se para ver.]

CUIGY

É ele!

LE BRET (*aterrado*)

Cyrano!

A VOZ

Rei dos palhaços! Dá no pé de vez!

TODA A SALA INDIGNADA

Oh!

MONTFLEURY

Mas...

A VOZ

Insistes?

DIFERENTES VOZES

Segue, Montfleury!

— Silêncio! — Basta! — Fica aí!

MONTFLEURY (*inseguro*)

"Feliz de quem vive o desterro que... "

A VOZ (*ameaçadora*)

Será preciso que eu vá te ensinar
a descer desse palco sem berrar?

[Aponta acima das cabeças uma bengala que uma mão sustém.]

MONTFLEURY (*com voz mais fraca*)

"Feliz de quem... "

[A bengala se agita.]

A VOZ

Sai! Logo!

O PÁTIO

Oh!

MONTFLEURY

"Feliz...
de quem, vive o desterro que se impôs... "

CYRANO (*aparecendo no pátio, de pé sobre uma cadeira, braços cruzados, o nariz terrível*)

Se eu me zangar, não vai chegar pra dois!

QUARTA CENA

Os mesmos, CYRANO, depois BELLEROSE, JODELET.

MONTFLEURY (*aos marqueses*)
Socorram-me!
UM MARQUÊS (*negligente*)
Por quê? Deves seguir!
CYRANO
Se prossegues, seu gordo, com tabefes
nessas bochechas, tiro-te daí!
O MARQUÊS
Basta!
CYRANO
Mantenham as bocas fechadas,
caros marqueses, ou amarrotarei
vossas vestes de seda a bengaladas!
TODOS OS MARQUESES (*de pé*)
É demais! Montfleury...
CYRANO
Ele me obriga
a lhe cortar a orelha ou a barriga?
UMA VOZ
Mas...
CYRANO
É melhor que saia!

OUTRA VOZ

Todavia...

CYRANO

Ainda não saíste?

[Com o gesto de arregaçar as mangas.]

Vou subir

nesse palco e te cortar em fatias!

MONTFLEURY (*afetando dignidade*)

Não me insultas a mim mas ao teatro!

CYRANO (*muito polido*)

Se por acaso a musa do teatro
souber que tentas ser ator,
te mandará ficar aí de quatro
que é a posição em que ficas melhor.

O PÁTIO

— Montfleury! — Montfleury! — A peça de Baro!

CYRANO (*aos que gritam à sua volta*)

Que cada um de vocês se compadeça
não de Baro, mas da própria cabeça.

[O círculo se abre.]

A MULTIDÃO (*recuando*)

Epa!

CYRANO (*a MONTFLEURY*)

Sai de cena!

A MULTIDÃO (*que se aproxima rosnando*)

Oh! Oh!

CYRANO (*voltando rapidamente*)

Alguém que se ofereça?

[Novo recuo.]

UMA VOZ (*que canta, vinda do fundo*)
O senhor de Cyrano
nos humilha e tiraniza
mas apesar do tirano
irá à cena *A Clorisa*
TODA A SALA (*cantando*)
Irá à cena *A Clorisa*
CYRANO
Se ouço uma vez mais essa canção,
rebento a todos!
UM BURGUÊS
Pensa que é Sansão?
CYRANO
E tu? Emprestas-me essa queixada?
UMA DAMA (*nos camarotes*)
Incrível!
UM SENHOR
Um vexame!
UM BURGUÊS
Patacoada!
UM PAJEM
Está divertido!
O PÁTIO
— Montfleury! — Cyrano!
CYRANO
Silêncio!
O PÁTIO (*em delírio*)
Bééé! Quaquá! Cocoricó!
CYRANO
Eu vou...

UM PAJEM

Miau! Miau!

CYRANO

Bem eu ordeno
que se calem! E lanço um desafio
coletivo a vocês! Inscrevo nomes!
Cheguem pra cá, heróis! Mas um por vez!
Vou numerá-los. Venham! Não são homens?
Quem encabeça a lista? Tu? Ah, não!
E tu? Ah, também não! Estão com medo?
Despacharei com honras o duelista!
Quem desejar morrer levante o dedo!

[Silêncio.]

Já sei. Têm pudor de verem nua
a minha espada. Nenhum nome ao menos
e nenhum dedo até agora eu vi
se erguer. Pois bem. A coisa continua.

[Volta-se para MONTFLEURY, nervoso.]

Vou extirpar da cena este tumor
maligno... Mãos à obra.

[Leva a mão à espada.]

O bisturi!

MONTFLEURY

Se...

CYRANO (*descendo de sua cadeira, senta-se no centro da roda que
se formou e instala-se como em sua casa*)

Ouve aqui, ó seu cara de lua,
três palmas baterei e na terceira
espero que já estejas lá na rua!

O PÁTIO (*divertindo-se*)
Ah?

CYRANO
Uma!

MONTFLEURY
Eu...

UMA VOZ (*nos camarotes*)
Fica!

O PÁTIO
Será que fica?

MONTFLEURY
Senhores...

CYRANO
Duas!

MONTFLEURY
É melhor talvez...

Três!

[MONTFLEURY desaparece como se
fosse engolido por um alçapão. Gargalhadas e vaias.]

A SALA
Uh! Uh! Uh! Poltrão! Fujão! Maricas!

CYRANO (*radiante deixa-se cair na cadeira e cruza as pernas*)
Que apareça quem ouse!

UM BURGUÊS
O orador
do elenco!

[BELLEROSE se adianta.]

OS CAMAROTES
Ah!... Bellerose!

BELLEROSE (*com elegância*)
Nobres senhores... o que tenho a dizer...

O PÁTIO
Fora! Fora com ele!... Jodelet!

JODELET (*que se adianta, fanhoso*)
Cambada de idiotas!

O PÁTIO
Muito bem!

JODELET
Silêncio! O gordo trágico, de quem
a pança admirais, sentiu-se mal...

O PÁTIO
É um covarde!

JODELET
E teve de sair.

O PÁTIO
Que volte!

UNS
Não!

OUTROS
Poltrão!

ALGUNS
Que volte sim!

UM JOVEM (*a* CYRANO)
Mas afinal, senhor, por que razão?
Tem você tanto ódio a Montfleury?

CYRANO (*brincalhão, sem se levantar*)
Que razões, meu frangote? Tenho duas,
embora uma bastasse. Eis a primeira:
é um péssimo ator que apenas sabe

berrar em cena feito uma aguadeira.

Já a segunda razão é um segredo...

O Velho Burguês (*por detrás dele*)

Nada disso, porém, vos autoriza

a nos proibir de vermos *A Clorisa*.

Cyrano (*que se volta para o velho respeitosamente*)

Mula velha, essa peça é uma piada

e os versos de Baro não valem nada!

As Preciosas (*nos seus camarotes*)

Oh! — Nosso Baro, minha querida!

Como é possível! — Coisa descabida!

Cyrano (*voltando sua cadeira para os camarotes, galante*)

Criaturas formosas, florescei

como as rosas na fresca madrugada!

Inspirai versos... não os critiqueis

porque de versos não entendeis nada!

Bellerose

E o dinheiro da bilheteria?

Talvez seja preciso devolver.

Cyrano (*voltando a cadeira para a cena*)

Enfim, Bellerose, alguma coisa

de razoável eu te ouvi dizer.

> [Levanta-se e arremessa um saco para a cena.]

É agarrar esta bolsa e se calar!

A sala (*deslumbrada*)

Ah!... Oh!...

Jodelet (*que apanha a bolsa e lhe avalia o peso*)

Senhor por este preço está

autorizado a sempre que quiser

vir impedir-nos de representar!

A SALA

Uh!... Uh!...

JODELET

E pouco importa se vão nos vaiar!

BELLEROSE

E agora saiam. É hora de fechar!

> [O público começa a sair enquanto CYRANO o olha com ar satisfeito. Porém a multidão bem depressa se detém, esperando uma nova cena. As mulheres que, nos camarotes, estavam já de pé e de mantos vestidos, detêm-se para escutar e acabam por novamente se sentarem.]

LE BRET

Que loucura!

UM IMPERTINENTE (*que se aproximou de* CYRANO)

> Sabe que Montfleury

tem proteção do duque de Candale?

Você tem protetor, *mon cher ami?*

CYRANO

Não!

O IMPERTINENTE

> É? Não tem?

CYRANO

> Não o tenho!

O IMPERTINENTE

> O que, homem!

Não tem, de fato, um nobre, um grão senhor

para defendê-lo com o seu nome?

CYRANO (*impaciente*)

Não tenho, e já lhe disse duas vezes!

Está surdo? Não tenho protetor!...

[Com a mão na espada.]

Tenho uma protetora!

IMPERTINENTE

Os reveses

da vida...

CYRANO

Eu acho melhor que se cale,
por que essa conversa se prolonga!

IMPERTINENTE

Longo é o braço do duque de Candale!

CYRANO (*apresentando a espada*)

Pode crer, minha espada é bem mais longa!

IMPERTINENTE

Mas certamente não pretende agora...

CYRANO

Pretendo.

IMPERTINENTE

Mas...

CYRANO

Você deve ir embora!

IMPERTINENTE

Mas...

CYRANO

Meia volta ou me diga por que
está olhando tanto o meu nariz.

IMPERTINENTE (*assustado*)

Eu?

CYRANO (*avançando para ele*)

Terei na cara acaso um chamariz?

IMPERTINENTE (*recuando*)
Não! O senhor se engana...

CYRANO

                      Será mole

como uma tromba?

IMPERTINENTE

            Creia, eu não pretendo...

CYRANO
Será um bico de coruja? um fole?

IMPERTINENTE
Eu...

CYRANO
O que vê nele? Alguma coisa tosca?

IMPERTINENTE
Mas...

CYRANO
      Vê nele pousada alguma mosca?

IMPERTINENTE
Claro que não, até evito olhá-lo.

CYRANO
Por quê? Por tanto assim desagradá-lo
o meu nariz?

IMPERTINENTE
         Claro que não, senhor.

CYRANO
Tem cor doentia? Lhe parece estranho?

IMPERTINENTE
Não, nada disso, é até de bom tamanho.

CYRANO (*ofendido*)
O quê?!

IMPERTINENTE

      É um nariz bonito, florentino,
é minúsculo até...

CYRANO

      Como se atreve
a chamar meu nariz de pequenino?
Vejo que quer ridicularizar-me!

IMPERTINENTE

Meu Deus!

CYRANO

      Tenho o nariz avantajado!
E nem por isso devo envergonhar-me,
seu cabeça de frango depenado!
Pois um nariz tão grande é sinal
de homem cortês, afável, liberal,
valente, como sou, e não igual
a um idiota de cara tão tola
que a minha mão, acima dessa gola,
vai encontrar.

                                  [Esbofeteia-o.]

IMPERTINENTE

Ai!

CYRANO

      Cara pobre de brilho, de centelha,
de altivez, de nariz... igual àquela

                              [Fá-lo rodar pelos ombros, junto o
                              gesto à palavra.]

que minha bota encontrará agora
embaixo de suas costas! Vá-se embora!

IMPERTINENTE

Socorram-me! Ô da guarda!

CYRANO

                É um aviso
a quem quiser brincar com meu nariz.
E se o engraçadinho for marquês,
for nobre, usarei outra forma de castigo:
em vez de um pontapé, furo-lhe o umbigo!

DE GUICHE (*que desce do palco seguido dos marqueses*)
Ele me irrita!

O VISCONDE DE VALVERT (*erguendo ombros*)
            São bravatas!

DE GUICHE
                Mas não haverá ninguém
pra revidar?

VISCONDE
           Ninguém? Eu vou lhe mostrar...
                [Vai até CYRANO que o observa.]
É esse seu nariz... grande demais!

CYRANO
Demais?

VISCONDE (*rindo*)
       Ah, ah, ah!

CYRANO
           É tudo?

VISCONDE
            Mas...

CYRANO
É muito pouco, jovem. A dizer
de meu nariz há tanta coisa que
se torna até difícil escolher...
Basta fazê-lo variando o tom!

Por exemplo, agressivo: esse nariz
de tão grande, dá ganas de cortá-lo!
Amigável: se bebes numa taça
inevitavelmente irás molhá-lo!
Descritivo: esse apêndice notório
parece um cabo, um pico, um promontório!
Curioso: é um estojo de tesoura?
um pimentão? um nabo? uma cenoura?
Prático: quem possui tal narigão,
se vai caçar, não necessita cão.
Rude: quando espirra com rapé,
alguma coisa se mantém de pé?
Engraçado: se entra num viveiro,
os pássaros o fazem de poleiro?
Prudente: com uma tromba tão pesada,
pode cair de cara na calçada!
Grosseiro: tem mais osso ou mais toucinho?
Terrorista: tamanho é o fumaceiro
que solta quando fuma que o vizinho
chama depressa o corpo de bombeiros!
Eis aí, seu cretino, o que teria
dito uma pessoa menos bronca,
mais dotada de letras e de humor.
Mas nunca um animal que apenas ronca
destituído de qualquer fulgor
da inteligência. E ainda que pra tanto
dotado fosses de engenho e arte,
não o terias dito, de covarde
que és. E além disso não existe
ninguém capaz de repetir-me um chiste
desses, pois sua língua a cortaria.

DE GUICHE (*querendo levar consigo o* VISCONDE *que ficou petrificado*)
Deixa pra lá!

VISCONDE

Ele é só arrogância!
Nem luvas tem, nem seda nem alamares.
Para ser nobre, falta-lhe elegância.

CYRANO

Minha elegância a exibo moralmente.
Não nos enfeites, plumas ou o que for.
Quanto menos enfeite, mais valor!
Mas nem por covardia ou negligência
deixaria insultar-me abertamente...
Por isso tenho leve a consciência
e a minha realeza é tão somente
meu panache: a franqueza e a independência!

VISCONDE

Mas senhor eu...

CYRANO

Estavas admirado
de eu não ter luvas! As que tinha
eu as deixei na cara...

VISCONDE

Trata-se de um grosseirão, mal-educado!

CYRANO (*tirando o chapéu e saudando-o como se o* VISCONDE *acabasse de se apresentar*)
Sim? Cyrano Eviniano Hércules
de Bergerac.

[Gargalhadas.]

VISCONDE (*exasperado*)
Idiota, ridículo!

[CYRANO soltando um grito como
se tivesse uma câimbra.]

Que tem ele?

CYRANO
Nada... Ela é assim:
quando fica inativa, dói em mim.

VISCONDE
Mas que tem afinal? Não entendo nada.

CYRANO
É um simples comichão na minha espada!

VISCONDE (*tira a sua*)
Como quiser!

CYRANO
Eu poderei enfim
lhe ofertar de brinde uma estocada.

VISCONDE
Ora, um poeta!

CYRANO
Um poeta, sim!
E de improvisação tão inspirada
que enquanto com o senhor eu me bater
comporei, de improviso, uma balada.

VISCONDE
Uma balada?

CYRANO
Sim, mas verifico
que não sabe o que isso vem a ser.
Mas não se preocupe, que eu explico:

a balada compõe-se de três coplas
de oito versos...
VISCONDE (*batendo o tacão impaciente*)
        Oh, chega de história!
CYRANO
E de mais quatro, a dedicatória...
VISCONDE
Quem muito bravateia se dá mal.
CYRANO
Vamos! Vou-lhe fazer uma balada
e prometo feri-lo no final.
VISCONDE
Não!
CYRANO
Não por quê? Não é de bom alvitre?

                                [Declamando.]

"Balada do duelo em que no Paço
de Borgonha, Cyrano venceu um biltre"
A SALA (*excitada ao máximo*)
Chega pra lá! — Não enche, entulho!
— Senta aí, seu bobão! — Não faz barulho!

> [Quadro. Círculo de curiosos no pátio. Os marqueses e os oficiais misturados com os burgueses e a gente do povo. Os pajens trepados uns nos ombros dos outros para melhor assistirem. As mulheres, de pé, nos seus camarotes. À direita, DE GUICHE e seus cortesãos. À esquerda, LE BRET, RAGUENEAU, CUIGY etc.]

CYRANO (*fechando os olhos um instante*)
Um momento! Procuro minhas rimas.

                                [Concentra-se.]

Ah! Mão, chapéu, léu, chão!
Caro, raro, barriga, briga...
Agora tenho-as à mão!...

Com graça tiro o chapéu
e o deixo cair no chão.
A capa eu a jogo ao léu
e tomo a espada na mão.
Golpe por golpe desfiro
com elegância notória.
No fim da dedicatória,
prometo, senhor, vos firo!

[Primeiros golpes de espada.]

Melhor seria, meu caro,
não ter entrado na briga.
Com minha espada vos varo
o flanco, o peito, a barriga.
E se outro ponto prefiro
ferir — de polpa notória —
no fim da dedicatória,
se o quiser, ali vos firo...

Falta-me uma rima em *unda*
pra completar a balada
pois uma estocada "funda"
seria agora engraçada.
Mas como até admiro
vossa lerdeza notória,
componho a dedicatória
e depois, então, vos firo.

[Anuncia solenemente.]

Dedicatória!

Em guarda! Agora desfiro
A estocada decisória.
Termino a dedicatória
e, como o disse, vos firo!

[Fere o VISCONDE que cambaleia.
CYRANO saúda.]
[Aclamações. Aplausos dos camarotes. Caem flores e lenços. Os oficiais cercam CYRANO e o felicitam.
RAGUENEAU dança entusiasmado.
LE BRET está feliz e triste. Os amigos do VISCONDE o amparam e o levam.]

MULTIDÃO (*num grito demorado*)
Ah!

UM DA CAVALARIA LIGEIRA
Foi soberbo!

UMA MULHER
Lindo! Lindo mesmo!

RAGUENEAU
Extasiante!

UM MARQUÊS
Raro de se ver!

LE BRET
Insensato!

[Confusão em torno de CYRANO.
Ouve-se:]
Parabéns! Muito prazer!

VOZ DE MULHER
É um herói!

UM MOSQUETEIRO
Senhor, se me permite.
Minha homenagem aqui vos rendo.
E se o faço é porque disso eu entendo.

[Afasta-se.]

CYRANO (*a* CUIGY)
Qual é o nome desse cavalheiro?
CUIGY
D'Artagnan, o famoso mosqueteiro.
LE BRET (*a* CYRANO, *pegando-o pelo braço*)
Agora conversemos...
CYRANO
Um instante!
Deixa parar essa balbúrdia.

[A BELLEROSE.]

Posso
ficar?
BELLEROSE
Claro. O prazer é nosso.

[Ouvem-se gritos lá fora.]

JODELET (*que espia*)
Vaiam Montfleury!
BELLEROSE
A glória é vã!...

[Noutro tom ao PORTEIRO e ao contrarregra.]

Varram, fechem! Não apague a luz.
Depois da ceia voltaremos para
ensaiar a peça de amanhã.

[JODELET e BELLEROSE saem depois de muitos rapapés a CYRANO.]

PORTEIRO (*a* CYRANO)
Não ceias?
CYRANO
Eu? Não.

[O PORTEIRO sai.]

LE BRET (*a* CYRANO)

Por quê?

CYRANO

Porque...

[Mudando de tom ao ver que o
PORTEIRO se afasta.]

eu não tenho dinheiro.

LE BRET (*fazendo o gesto de quem atira uma bolsa*)

É uma piada?

E o saco de escudos?

CYRANO

Ah, era a mesada

que o velho me manda.

LE BRET

E agora o resto

do mês? Como vais te arranjar?

CYRANO

Não sei.

O que eu sei é
que foi um belo gesto!

VENDEDORA (*tosse atrás do balcão*)

Hum!

[CYRANO e LE BRET voltam-se. Ela,
tímida.]

Senhor... desculpe... Se tem fome,
posso servi-lo...
Diga o que deseja...

CYRANO (*tirando o chapéu*)

Doce menina, meu orgulho de homem
e de gascão me impede de aceitar

de vossa linda mão qualquer comida.
No entanto não devo me negar
a quem tão gentilmente me convida.

>[Dirige-se ao bufê e escolhe.]

Oh, muito pouco! — um bago de uva só.

>[Ela lhe oferece um cacho, ele tira uma.]

Apenas uma... e um copo d'água.

>[Ela quer encher de vinho o copo, ele não deixa.]

Não!

>[Aceita a metade de um pastel.]

LE BRET

Idiota!... Não dá para entender!

VENDEDORA

Isso é pouco! Algo mais não vai querer?

CYRANO

Certamente... Beijar a sua mão.

>[Beija-lhe a mão como se beijasse uma rainha.]

VENDEDORA

Obrigada, senhor.

CYRANO (*reverencia*)

De coração!

>[Ela sai.]

QUINTA CENA

CYRANO, LE BRET, PORTEIRO.

CYRANO (*a* LE BRET)
Vá, sou todo ouvidos, Le Bret, começa...

[Instala-se diante do bufê pondo o
pastel diante de si.]
O jantar!...

[Coloca o copo d'água.]
A bebida!...

[Coloca o bago de uva.]
A sobremesa!...

[Senta-se.]
E agora me sento... Ai meu Deus, que fome!
O que era mesmo que dizias, homem?

LE BRET
Que vais te arrepender amargamente
de ouvir o mau conselho dessa gente
que te empurra a bancar o valentão.
Em lugar de escutar gente sensata,
te entregas como um tolo a bravatas
iguais à desta noite...

CYRANO (*acabando o pastel*)
Sensação!

LE BRET

O cardeal...

CYRANO (*maravilhado*)

Ele estava, o cardeal?

LE BRET

Deve ter achado...

CYRANO

Muito original!

LE BRET

Mas...

CYRANO

Creia que lhe agrada certamente
ver fracassar a obra de um concorrente.
Ele é autor também...

LE BRET

E o caro amigo
só ganhou um punhado de inimigos.

CYRANO

Por tuas contas, diz, quantos eu ganhei
hoje?

LE BRET

Cinquenta, se bem calculei!

CYRANO

Vamos contar!

LE BRET

De Guiche, Montfleury,
Baro, os membros de l'Académie...

CYRANO

Chega, chega Le Bret! É formidável!

LE BRET

E o que pretendes com esse irresponsável
modo de agir?

CYRANO

       Escuta: um complicado
labirinto era o mundo para mim.
Um caminho eu teria que seguir...

LE BRET

    Qual?

CYRANO

      O mais simples: ser admirado
por todos e por tudo que eu fizesse!

LE BRET

    Está bem. Agora quero que confesse.
A razão de tal ódio a Montfleury.

CYRANO (*erguendo-se*)

    Um barrigudo igual eu nunca vi!
Não consegue enxergar o próprio umbigo
e ainda assim se julga um perigo
para as mulheres. Quando está em cena
lança olhares a uma, a outra acena
sorrindo assim... Eu o odeio desde quando
o surpreendi cinicamente olhando
para aquela que...

LE BRET (*atônito*)

          Não! É impossível!

CYRANO (*com amargo riso*)

    Que eu ame?...

                   [Mudando de tom gravemente.]
      Pois eu amo.

LE BRET

          E é possível
me dizeres a quem? Jamais disseste...

CYRANO
Que amo?... Bem. Vamos a ver: reflete.
Estou proibido de sonhar-me amado
pelas mulheres, inda que a mais feia,
devido a este nariz avantajado
que chega sempre pelo menos meia
hora adiantado a mim... E agora...
A quem amo? Só pode ser aquela
que é entre todas a mais pura e bela!

LE BRET
Mais pura e bela?

CYRANO
              E assim tinha que ser.
Tinha que amar a mais bela mulher,
a mais fina, a mais loura...

                                       [Desanimado.]

              a mais loura!

LE BRET
Quem será ela?

CYRANO
            É tão encantadora,
que se torna um perigo sem querer;
de tal maneira a todos maravilha
que por sua beleza é uma armadilha
onde se esconde o amor pra nos prender.
Quem a veja sorrir, a perfeição conhece,
e logo entrega o coração
a essa, diante da qual Vênus é feia
e a própria primavera se ajoelha!

LE BRET
Nossa! Já entendi. Está muito claro.

CYRANO

Está mais claro que a luz da manhã...

LE BRET

Tua prima, Madeleine Robin?

CYRANO

Sim, Roxana.

LE BRET

Conta-lhe então.
Hoje ganhaste a admiração
dela.

CYRANO

Olha pra mim, meu caro, e diz
que esperança pode este nariz
permitir-me? Diz! Não! Eu não me iludo!
Claro que em sonho eu me permito tudo.
Eu me enterneço, sim, na noite azul,
se entro no jardim e o vento sul
move as flores e a hora se perfuma.
Com este meu nariz aspiro o aroma
de abril — e se um casal enamorado
vejo passar feliz, sonho, enlevado,
com a mulher que terei junto de mim
um dia... Mas paro de sonhar
ao ver a luz da lua projetar
meu perfil contra o muro do jardim!

LE BRET

Cyrano!...

CYRANO

É, eu tenho experimentado
horas em que me sinto desprezado
por ser tão feio...

LE BRET (*tomando-lhe a mão*)

Amigo! Estás chorando?

CYRANO (*mudando de tom*)

Que que é isso, Le Bret? Estás delirando!
Chorar por quê? No fundo estou sorrindo
deste nariz que, embora muito lindo
não seja, é pelo menos engraçado!...

LE BRET

E o que vale um nariz, se comparado
ao teu espírito?...

CYRANO

De homem elevado,
valente!...

LE BRET

E a Roxana, arrebatada,
acompanhava hoje o teu duelo!
Podes crer, ela está enamorada
de ti. Declara-te, rapaz!

CYRANO

Que belo
conselho tu me dás! Ela riria
no meu nariz! Contar-lhe este segredo
é a última coisa que eu faria,
única coisa que me mete medo!

PORTEIRO (*levando alguém a* CYRANO)

Quer falar com o senhor...

CYRANO (*vendo a* AIA)

Meu Deus, a aia
de Roxana! Por que me buscaria?

SEXTA CENA

CYRANO, LE BRET, a AIA.

AIA (*saudando-o*)
Certa pessoa deseja saber
onde, em sigilo, o poderia ver.
CYRANO (*perturbado*)
Me ver?
AIA
Sim, vê-lo. Tem algo importante
a lhe dizer.
CYRANO
A mim?
AIA
Exatamente.
CYRANO (*tonteia*)
Meu Deus!
AIA
Ela irá, ao primeiro toque
da matina, ouvir a missa de São Roque.
CYRANO (*apoiando-se em* LE BRET)
Meu Deus!
AIA
E quando a missa terminar,
onde o poderia encontrar?

CYRANO (*enlouquecido*)
Onde?... eu... mas, meu Deus!
AIA

Diga depressa.

CYRANO
Estou pensando!...
AIA

Onde?

CYRANO

Poderia...
Talvez pudesse... na pastelaria
de Ragueneau... que acha?
AIA

Onde é?

CYRANO
Na rua... — Ah, meu Deus!... — Saint-Honoré!
AIA (*saindo*)
Está bem. Será às sete nosso encontro.
CYRANO
E eu lá estarei às sete em ponto!

[A AIA sai.]

SÉTIMA CENA

CYRANO, LE BRET, depois os comediantes CUIGY,
BRISSAILLE, LIGNIÈRE, O PORTEIRO, OS VIOLINISTAS.

CYRANO (*caindo nos braços de* LE BRET)
Quer ver-me!...

LE BRET
         Estás contente, pelo visto...

CYRANO
Mas claro! Ela sabe que eu existo!

LE BRET
Está mais calmo agora?

CYRANO
         Calmo? Por quê?
Eu mais que nunca estarei frenético
e fulminante! Traga-me um exército
inteiro! Vou enfrentá-lo e vou vencer!
Eu tenho vinte braços e, pulsando
no peito, aqui, tenho dez corações!
Estou cansado de lutar com anões...
                   [Grita alto.]
Quero gigantes!...

[Já há algum tempo, sobre o palco,
projetam-se as sombras dos atores
que se agitam e sussurram. E o

> ensaio recomeça. Os VIOLINISTAS
> retomam seu lugar.]

UMA VOZ (*da cena*)

Estamos ensaiando!

Silêncio aí, oh!

CYRANO (*rindo*)

Vamos!

> [Vai sair; pela porta do fundo,
> entram CUIGY, BRISSAILLE, vários
> oficiais, que amparam LIGNIÈRE
> inteiramente bêbado.]

CUIGY

Cyrano!

CYRANO

Que houve?

CUIGY

Alguém que te procura, bêbado
como um gambá!

CYRANO (*reconhecendo-o*)

Lignière, ainda tão cedo
e estás assim!

BRISSAILLE

Não pode entrar em casa!

CYRANO

E por que não?

LIGNIÈRE (*a voz empastada, mostrando-lhe um papel amarrotado*)

Um aviso!... Contra mim...
cem homens... É por causa da canção...
que fiz... Porta de Nesle... e sendo assim...
Posso dormir na tua casa?

CYRANO

Não!
Tu dormirás na tua casa. Vem!

LIGNIÈRE (*surpreso*)
Mas...
CYRANO (*com voz terrível, mostrando-lhe a lanterna que o* POR-
TEIRO *balança iluminando curiosamente esta cena*)
Toma essa lanterna!...

[LIGNIÈRE segura a lanterna pre-
cipitadamente.]
E vem comigo!
Eu te protegerei, meu caro amigo!

[Aos oficiais.]
E vocês servirão de testemunhas
apenas!
CUIGY
São cem homens!...
CYRANO
E são poucos
para mim esta noite!

[Os atores descem do palco e se
aproximam.]
LE BRET
E tu empunhas
a tua espada...
CYRANO
E tu, Le Bret, resmungas...
LE BRET
... por um bêbado...
CYRANO
Sim, porque esse bêbado,
que é um tonel de vinho, alma sedenta
de álcool, foi capaz de uma proeza
admirável: por amor à amada

tomou um gole d'água — de água-benta!
E um sacrifício de real beleza!

UMA ATRIZ

Decerto, foi gentil!

CYRANO

Ela é esperta!

A ATRIZ

Por que cem homens contra um só poeta?

CYRANO

Vamos!

[Aos oficiais.]

E os senhores, vendo-me em perigo,
não intervenham!

OUTRA ATRIZ (*saltando do palco*)

Eu quero ver!

Comigo!

Venham todos!

[As mulheres pulam de alegria,
pegam mantas, capuzes.]

JODELET

Iremos!

CYRANO (*aos* VIOLINISTAS)

Tocarão

uma ária!

[Os VIOLINISTAS juntam-se ao cortejo.]

Todos em frente! Bravo!
Não quero auxílio de pessoa alguma!
Quero estar só, debaixo desta pluma
que a glória colocou em meu chapéu!
Um, dois!

[O Porteiro abre a porta. Divisa-se um trecho de Paris sob o luar.]

Lindo é Paris sob este céu enluarado!

Todos

À Porta de Nesle!

Cyrano (*de pé na porta*)

Ao perigo!

[À Atriz.]

Cem homens contra um só, sabe por quê?

[Tira a espada tranquilamente.]

Porque sabiam que eu sou seu amigo!

[Sai. O cortejo, com Lignière à frente, põe-se a caminho, ao som dos violinos.]

FIM
DO PRIMEIRO ATO

SEGUNDO ATO

A PASTELARIA DOS POETAS

O ESTABELECIMENTO DE RAGUENEAU, pasteleiro, vasto recinto à esquina das ruas Saint Honoré e l'Abre-Sec, que se percebe vagamente ao fundo através dos vidros da porta, cinzentos nos primeiros clarões do amanhecer.

No primeiro plano, à esquerda, um balcão com uma cobertura de ferro batido na qual estão pendurados gansos, patos, perus. Em vasos de faiança, grandes ramalhetes de flores, principalmente girassóis. Do mesmo lado, no segundo plano, um grande fogão, diante do qual, entre monstruosos cavaletes de ferro que suportam marmitas, pingam os assados.

À direita, no primeiro plano, uma porta. No segundo plano, uma escada que sobe para uma saleta num desvão; vê-se o interior da saleta pelas janelas abertas: uma mesa posta, um pequeno lustre. É um gabinete reservado. Uma galeria de madeira, em seguimento à escada, parece levar a outros cômodos semelhantes.

No meio da pastelaria, um círculo de ferro suspenso, que pode ser abaixado com uma corda, de onde pendem grandes peças de carne.

Sob a escada, na sombra, os fornos acesos. Os cobres reluzem. Os espetos giram. Assados empilhados, presuntos pendurados. É hora de azáfama, os cozinheiros se atropelam uns aos outros. Conduzem em chapas de ferro, em cestos de vime, quantidade de brioches e bolinhos.

Mesas cobertas com pratos e doces; outras estão cercadas de cadeiras à espera dos fregueses. A um canto, uma pequena mesa coberta de papéis. Nela escreve Ragueneau quando o pano levanta.

PRIMEIRA CENA

RAGUENEAU, depois LISE. RAGUENEAU em sua mesa escreve com ar inspirado e contando as sílabas nos dedos. Entram sucessivamente cinco pasteleiros trazendo cada um deles um prato de comida ou sobremesa recém-preparado e os vão dispondo em série numa prateleira.

RAGUENEAU (*para de escrever*)
A aurora já desenha o seu contorno!
Cala em ti o poeta, Ragueneau,
que a hora da lira cessa — é hora do forno!
[Levanta-se. A um COZINHEIRO.]
Aumente o molho.

COZINHEIRO
Quanto, senhor?

RAGUENEAU
Em três versos.

COZINHEIRO
O quê!

1º PASTELEIRO
A empada!

2º PASTELEIRO
O flan!

3º PASTELEIRO
E a torta caramelada!

[Entra LISE, põe um maço de papéis sobre o balcão.]

LISE

Papel para os cartuchos.

RAGUENEAU

Obrigado.

[Examina-os.]

Céus! Rasgaste meus livros venerados!
Versos de meus amigos, lacerados!

LISE (*secamente*)

Não serviam para nada! Eram entulho!
Agora servem pra fazer embrulho!

[CYRANO entra subitamente.]

RAGUENEAU

Usar poemas pra embrulhar biscoito!
E por que trata assim os meus poetas?

LISE

Poetas! É assim que chama a esses oito
que vêm aqui pra nos sugar as tetas?

RAGUENEAU

Formiga, não insultes as cigarras
que nos encantam com voz maviosa!

LISE

Só sabem comer torta e fazer farras!
Que vão cantar em outra freguesia!

RAGUENEAU

Se você faz assim com a poesia
que haveria de fazer com a prosa?

SEGUNDA CENA

Os mesmos, duas CRIANÇAS que acabam
de entrar na pastelaria.

RAGUENEAU
Que desejam, garotos?

1ª CRIANÇA

Três pastéis.

RAGUENEAU (*servindo-as*)
Eis aqui! Bem tostados todos três!

2ª CRIANÇA
E podia embrulhá-los, por favor?

RAGUENEAU (*atrapalhado, para si*)
Diabo! Um dos sacos!

[ÀS CRIANÇAS.]

Pra embrulhar?

[Pega um dos sacos e, quando vai
pôr os pastéis, lê.]

"Tal como Ulisses quando abandonou
Penélope... " Este não!...

[Deixa-o e pega outro saco mas,
quando vai embrulhar os pastéis...]

"Ao contemplar
o louro Febo... " Também não!...

LISE

Que esperas?

RAGUENEAU

Já vai!

[Pega um terceiro saco e resigna-se.]

Soneto a Filis!... Ah, eu tremo
de dor!

LISE

Ah, decidiu-se!

[Encolhendo os ombros.]

Nicodemo!

[Sobe numa cadeira e começa a
arrumar pratos num aparador.]

RAGUENEAU

Psiu, garotos! Olhem! Pelos três
pastéis que me compraram dou-lhes seis
se me devolvem o soneto a Filis.

[As CRIANÇAS devolvem-lhe o
saco, pegam os seis pastéis e saem.
RAGUENEAU, desfazendo as dobras
do papel, declama.]

"Filis!... " E logo neste suave nome
a nódoa de gordura que não some...

TERCEIRA CENA

Ragueneau, Lise, Cyrano e Mosqueteiro.

Cyrano

Que horas são?

Ragueneau (*saudando-o com entusiasmo*)

São seis horas.

Cyrano (*com emoção*)

Uma hora

mais!

[Caminha de um lado para o outro.]

Ragueneau (*seguindo-o*)

Bravo! Vi...

Cyrano

O quê?

Ragueneau

Vosso combate!

Cyrano

Qual?

Ragueneau

No Palácio de Borgonha.

Cyrano

Ora,

o duelo!

RAGUENEAU

Em versos!

LISE

Pena que não fale

de outra história!

CYRANO

E o que tem? pois eu prefiro

ouvi-lo!

RAGUENEAU

"No fim da dedicatória
prometo, senhor, vos firo!"

Maravilhoso!

[Com entusiasmo crescente.]

"No fim da dedicatória..."

Que horas são, Ragueneau?

RAGUENEAU (*na posição de quem atacou fundo, para olhar o relógio*)

"... senhor, vos firo."

LISE (*a* CYRANO)

O que tem sua mão? Correu perigo?

CYRANO

Nenhum perigo. Apenas um arranhão.

LISE

Mente!

CYRANO

Por que mentiria, ora essa!
Espero alguém que vem falar comigo.
Se não se trata de falsa promessa...
Vão nos deixar a sós?

RAGUENEAU

              Não sei, senhor,
os meus poetas estão pra chegar.

LISE (*irônica*)

Para comer!

CYRANO

          Manda-os passear,
quando eu der o sinal. Que horas são?

RAGUENEAU

Seis e dez.

CYRANO (*sentando-se nervosamente e pegando um papel*)

        Uma pena!...

RAGUENEAU (*entregando-lhe a que traz na orelha*)

            De cisne. Tome.

UM MOSQUETEIRO (*bigodudo, voz de trovão, entra*)

Saúde!

                [LISE para ele se volta sorrindo.]

CYRANO (*voltando-se*)

       Esse quem é?

RAGUENEAU

         Um mosqueteiro.
Ele é amigo de minha mulher.
E alardeia ser grande guerreiro.

CYRANO (*que volta a escrever e faz a* RAGUENEAU *para que se retire*)

Silêncio!... Escrever a ela, entregar,
fugir.

                [Arremessando a pena.]

     É covardia! Não ouso falar
a ela! Antes a morte do que lhe dizer

que a amo... (*a* REGUENEAU)
Que horas são?

RAGUENEAU

Seis e um quarto.

CYRANO

Nenhuma só palavra lhe diria,
e são milhares que no peito guardo!
Mas se escrevesse... facilitaria...

[Pega a pena de novo.]

É isso! Escrevamos esta carta
de amor, que já dentro do peito
fiz e refiz cem vezes. Já está feito
o texto na verdade. É colocar
a alma aqui ao lado e copiar.

[Ele escreve. Detrás do vidro da porta, veem-se silhuetas magras e hesitantes.]

QUARTA CENA

RAGUENEAU, LISE, O MOSQUETEIRO, CYRANO escrevendo, os poetas vestidos de negro, de meias caídas e sujas de lama.

LISE (*a* RAGUENEAU)
Chegaram os vossos chatos companheiros!
1º POETA (*entrando, a* RAGUENEAU)
Confrade!
2º POETA
    Ragueneau, meu amigão!
3º POETA
Rei dos pastéis!
4º POETA
    Oh, Febo cozinheiro!
5º POETA
Atrasamos devido à multidão
na Porta de Nesle!...
1º POETA
    Mortos a espada,
oito homens sangravam lá no chão.
CYRANO (*ergue a cabeça*)
São oito?... E eu pensava que eram sete!

         [Volta a escrever.]

RAGUENEAU (*a* CYRANO)
Conheceis o herói dessa façanha?

CYRANO (*negligentemente*)

Eu? Não!

LISE (*ao* MOSQUETEIRO)

E você?

MOSQUETEIRO (*retorcendo o bigode*)

Eu? Como não!...

CYRANO (*escrevendo, murmura*)

"Amo-vos".

1º POETA

Um só homem com tamanha
coragem derrotou um bando inteiro!

2º POETA

É o que diziam!

CYRANO (*escrevendo*)

"Vosso olhar, amor"

3º POETA

Deus meu! Um ferocíssimo guerreiro!

CYRANO (*escrevendo*)

"... vossos lábios"

1º POETA

Seja lá quem for,
é uma fera!

CYRANO (*mesmo jogo*)

"Desfaleço de temor,
quando vos vejo."

2º POETA (*a* RAGUENEAU)

Mas, quando lerei
as tuas novas rimas, Ragueneau?

CYRANO

[Detém-se no momento de assinar
a carta. Levanta-se e a guarda.]

Não preciso assinar, se a entregarei
eu mesmo.

RAGUENEAU (*ao* 2º POETA)

Fiz uma receita em rimas!

3º POETA

Vamos todos ouvir.

4º POETA

É uma obra-prima

este brioche!

[Dá-lhe uma dentada.]

1º POETA

Só comendo-a.

RAGUENEAU

Como preparar tortas de amêndoa.
Alguns ovos de galinha
bata até virar espuma.
Depois acrescente uma
colher de leite de amêndoa.
Sumo de cidra também.
Polvilhe então com farinha
as formas das tortazinhas
e depois vá pondo em torno
damasco e a espuma de ovo
antes de levar ao forno
pra, em fogo brando cozendo-as,
ter no final douradinhas
as tortazinhas de amêndoa!

CYRANO (a RAGUENEAU)

Não te dás conta como essa alcateia
de espertalhões engorda às tuas custas?

RAGUENEAU

Claro que sim, me dou, mas tenho justas
razões pra estar feliz: é uma plateia
que tenho e que me aplaude. Se eles comem,
coitados, é que estão mortos de fome!

CYRANO (*batendo-lhe no ombro*)

Ragueneau, tu me agradas, és bom homem!

[RAGUENEAU volta a juntar-se aos
seus amigos. CYRANO segue-o com
os olhos. Depois, bruscamente.]

Eh! Lise!

[LISE, que flerta com o MOSQUE-
TEIRO, estremece e se aproxima de
CYRANO.]

O capitão te faz a corte?

LISE (*ofendida*)

Com meu olhar altivo sempre pude
repelir quem ataque-me a virtude.

CYRANO

Talvez... Mas pra um olhar que é tão altivo,
o teu parece por demais cativo...

[LISE fica confundida.]

CYRANO (*claramente*)

Gosto de Ragueneau, ouviste, Lise?
e te proíbo que o ridicornizes.

LISE

Mas...

CYRANO (*que levantou a voz o suficiente para ser ouvido pelo
galanteador*)

A bom entendedor...

[Cumprimenta o MOSQUETEIRO
e dirige-se à porta do fundo, onde

82

> fica observando a rua, depois de
> olhar o relógio.]

LISE (*ao* MOSQUETEIRO *que apenas retribuiu o cumprimento de* CYRANO)

> E o que diz

o valentão? Fala-lhe no nariz!

MOSQUETEIRO

Do nariz... do nariz... como se diz?

> [Afasta-se seguido por LISE.]

CYRANO (*da porta dos fundos fazendo sinal a* RAGUENEAU *para que leve os poetas consigo*)

Pst!...

RAGUENEAU (*apontando aos poetas a porta da direita*)

> Vamos pra lá. Melhor condiz,

a nós poetas, um outro lugar...

CYRANO (*impacientando-se*)

Pst!...

RAGUENEAU (*empurrando-os*)

> Para ler versos...

1º POETA (*pegando uma torta*)

> Vamos levar!

> [Saem todos atrás de RAGUENEAU
> levando os pratos.]

QUINTA CENA

CYRANO, ROXANA e a AIA.

CYRANO
Eu só lhe entrego a carta se sentir
da parte dela alguma esperança.

> [ROXANA, mascarada, seguida da
> AIA, aparece atrás do vidro da
> porta. Ele abre a porta rapida-
> mente.]

Entre, senhora!

> [À AIA.]

Pode vir aqui?

> [Ela o segue.]

Gostas de doces?

AIA
Mais que uma criança!

> [Enche-lhe os braços de sacos de
> doces.]

Aqui estão pastéis, biscoitos, bolos!
Vá lá para fora e só retorne
depois que os tenha mastigado todos!

> [Empurra-a para a rua e fecha a
> porta. Dirige-se a ROXANA respeito-
> samente.]

SEXTA CENA

CYRANO, ROXANA e a AIA.

CYRANO
Bendito seja para sempre o instante
em que, deixando enfim de ignorar-me,
me encontras hoje aqui para contar-me...?

ROXANA
Antes de tudo, quero agradecer
a esse homem bravo e atrevido
que num duelo conseguiu vencer
a alguém que um grão-senhor enamorado
de mim pretende impor-me por marido.

CYRANO
De Guiche?... É que fui encorajado,
senão por este meu feio nariz,
por vossos lindos olhos... Obrigado!

ROXANA
Depois queria... Mas a confissão
que desejo fazer requer rever
o passado... Eras quase meu irmão...
brincávamos no lago...

CYRANO
                        Sim, me lembro.
No verão ias sempre a Bergerac.

85

ROXANA
E a primavera? As flores de setembro...
E nós ali alegres a brincar!
CYRANO
As amoras da cor de tua face...
ROXANA
Você fazia tudo o que eu mandasse...
CYRANO
Querias ter por nome Madalena...
Eras bonita...
ROXANA
           Eu? Quando pequena,
era bonita?
CYRANO
         Sim, e ainda és...
ROXANA
Se ferias a mão, vinhas a mim
e eu bancava a mamãe enternecida...
               [Toma-lhe a mão. Olha-a.]
Mas o que é isso? Tens a mão ferida?
É extraordinário!...
             [Ele tenta retirar a mão.]
        Não. Deixa-me ver!
Continuas o mesmo nesta idade?
Como foi isso, hein, posso saber?
CYRANO
Foi na Porta de Nesle... eu brincando
por lá...
        [ROXANA, sentando-se à mesa
        e molhando o lenço num copo
        d'água.]
Vai terminar infeccionando.

CYRANO
Você é muito gentil... e maternal.

ROXANA
Diz-me, enquanto limpo esta ferida;
contra quantos combateu?

CYRANO
Ah, eu mal
contei. Menos de cem...

ROXANA
Quero saber
tudo! Quero que conte!

CYRANO
Oh, não! Deixa
isto pra lá... Ou então vai esquecer
o que está temerosa de dizer...

ROXANA (*sem lhe soltar a mão*)
Neste momento, o temor que eu tinha
o aroma do passado dissipou.
Com esse teu jeito conquistaste a minha
confiança. Falo-te sem temor. Amo alguém.

CYRANO
Ah!

ROXANA
Que não sabe desse amor.

CYRANO
Ah!

ROXANA
Não, não sabe ainda.

CYRANO
Ah!

ROXANA

               Mas cedo

o saberá.

CYRANO

    Ah!

ROXANA

      Um pobre rapaz
que tem paixão por mim e que por medo
não ousa confessar-se.

CYRANO

          Ah! não!

ROXANA (*pega-lhe a mão*)

            Mas
tua mão arde em febre!... A confissão
que ele não faz, em seus lábios a vi
tremer.

CYRANO

    Ah!

ROXANA (*acabando de fazer a ligadura com o lenço*)

      Imagino-lhe o tormento...
E ele serve no teu regimento.

CYRANO

  Ah!

ROXANA

    É cadete de tua Companhia.

CYRANO

  Ah!...

ROXANA

      É olhá-lo e ver a galhardia!
É inteligente, nobre, jovem, belo.

CYRANO (*erguendo-se pálido*)
Belo!

ROXANA
Sim, ele é belo... Estais sentindo
alguma coisa? Hein?

CYRANO
Eu? Nada... não.
Nada... Senti apenas o arranhão...
[Mostra-lhe a mão e sorri.]

ROXANA
Só no teatro o vi e no entanto
já lhe entreguei de vez o coração.

CYRANO
Dizes que nunca se falaram então?

ROXANA
Os nossos olhos só.

CYRANO
O olhar é mudo. O olhar engana!
Eu teria medo...

ROXANA
Oh, em Paris se sabe de tudo...
Nesta cidade não há mais segredo.
Vieram me contar...

CYRANO
Ele é cadete?

ROXANA
É cadete das Guardas.

CYRANO
E seu nome?

ROXANA
É Barão Cristiano de Neuvillette.

CYRANO
Mas nos cadetes não há nenhum homem
que assim se chame.

ROXANA
Esta manhã entrou
pra Companhia de Castel-Jaloux.

CYRANO
Tão de repente um coração se entrega!
Minha pobre menina...

AIA (*abrindo a porta*)
Já acabou
tudo! Comi-os todos, meu senhor!

CYRANO
Ah, sim? Tudo? Pois vá ler os versos
que no papel dos sacos vão impressos.

[A AIA sai.]

E tu, sensível à bela linguagem
que reação terias se ele fosse
em vez de um belo espírito, um selvagem?

ROXANA
Não, seu cabelo é de um herói de Urfé!

CYRANO
Mas não são poucos os que dizem asneira
embora ostentem bela cabeleira.

ROXANA
Ele é um homem de espírito, se vê,
se adivinha!

CYRANO
Está bem... Todas as frases
parecem lindas se o bigode o é.
E se ele for um tolo de bigode?

ROXANA

Pois bem. Se ele for um tolo, pode
estar certo, primo, eu morrerei!

CYRANO

E marcaste este encontro tão somente
para dizer-me isto. Francamente,
não percebo a razão...

ROXANA

Eu me assustei
ao saber que na sua Companhia
só tem gascões...

CYRANO

Entendo, e que os gascões
perdem seu tempo a provocar rapazes
que, a força de prestígio e pistolões,
a eles se juntam sem serem gascões.
Foi o que lhe disseram?

ROXANA

E estremeci
de medo que algum mal venha a sofrer.

CYRANO (*entre dentes*)

E com toda a razão.

ROXANA

Aflita, vi
que a ti talvez pudesse recorrer.
Valente e forte, como o foste ontem,
ao castigar Valvert, e como és,
poderias conter a tua hoste
de ferozes gascões, com dois ou três
gritos... Eles decerto temerão...

CYRANO

Está bem, defenderei o seu barão...

ROXANA

E prometes! Oh, que felicidade!

Terás de mim a mais grata amizade.

CYRANO

Sim, sim, eu sei...

ROXANA

E serás seu amigo?

CYRANO

Serei.

ROXANA

Afastarás dele o perigo

dos duelos?

CYRANO

Prometo. Está jurado.

ROXANA

És bondoso... Eu te amo, Cyrano!

Obrigada por tudo... Eu já me vou.

[Põe a máscara, uma renda sobre a
fronte e distraidamente.]

E a batalha de Nesle? Esqueceste

de contá-la... Não sei de quem se atreva

a tanto!... Diz a ele que me escreva.

[Envia-lhe um beijo com a mão.]

Amo-te!

CYRANO

Sim, eu sei.

ROXANA

Um contra cem!

Que ele me escreva... Numa outra hora

tudo me contarás!... Tenho que ir embora!
Um contra cem! Ah, como bravo foste,
meu grande herói!

CYRANO (*saudando*)

Mais bravo eu fui agora!

[Sai. CYRANO fica imóvel com os olhos no chão. Silêncio. A porta abre-se e por ela surge a cabeça de RAGUENEAU.]

SÉTIMA CENA

RAGUENEAU, CYRANO, CARBON, CADETES,
LE BRET, TEOFRASTE, POETA, CUIGY, DE GUICHE, BRISSAILLE.

RAGUENEAU

Posso entrar?

CYRANO (*sem mover um músculo*)

Pode...

> [RAGUENEAU faz sinal a seus amigos, eles entram; ao mesmo tempo aparece na porta dos fundos CARBON DE CASTEL-JALOUX, fardado de capitão das guardas, que faz grandes gestos a CYRANO.]

CARBON

Enfim!

CYRANO (*levantando a cabeça*)

Meu capitão!...

CARBON (*exultante*)

O nosso herói! Sabemos tudo! Trinta
de meus cadetes aí fora estão.

CYRANO

Mas eu...

CARBON

E querem ver você, amigo.

CYRANO

Não!

[Muitos CADETES entram na pastelaria.]

CADETES

Medious! — Capdedious! — Pocapdedious! — Mordious!

RAGUENEAU

Puxa! São todos da Gasconha?

CADETES

Todos! Da terra que não faz vergonha!

UM CADETE (*a* CYRANO)

Bravo!

CYRANO

Barão!

OUTRO

Viva!

CYRANO

Barão!

TERCEIRO

Um abraço

Barão!

VÁRIOS

Vamos abraçá-lo!

CYRANO

Barão...

barão... Oh, por favor!

RAGUENEAU

A cada passo

um barão! Todos vocês são barões?

CADETES
Todos!

LE BRET (*que entra correndo para* CYRANO)
Buscam você! São multidões!

CYRANO
E tu disseste onde eu me encontrava?

LE BRET
Hum, hum! Ou essa gente me matava.
Estão todos querendo vir aqui.

[Fora, a rua está compacta de gente. LE BRET, baixo, sorrindo, a CYRANO.]

— E Roxana, hein?

CYRANO

Cala-te!

[A MULTIDÃO gritando lá fora.]

MULTIDÃO
Cyrano!

[Um turbilhão invade a pastelaria, acotovelando-se.]

MULTIDÃO (*a* CYRANO)
Amigo... amigo... como foi a história.

— Eram quase duzentos?

LE BRET

É a glória!

UM JOVEM MARQUÊS (*correndo para* CYRANO)
Caro senhor! Mal pode imaginar...

OUTRO
Quero apresentar-lhe umas senhoras...

CYRANO
E você a mim, quem vai apresentar?

LE BRET (*surpreso*)
Mas que tens?
CYRANO

Fica quieto!
LE BRET

Cyrano, olha,
este é Teofraste Renaudot,
inventor do jornal.
TEOFRASTE

Seu obscuro...
CYRANO

Basta!
LE BRET
Daquela folha de notícias,
dizem que é coisa que terá futuro!
O POETA (*adiantando-se*)
Senhor...
CYRANO

Mais um!
POETA

Quero fazer um acróstico...
com seu nome...
CYRANO

Isso é muito pernóstico!
O POETA
Depende... se se sabe versejar...
CYRANO
Se se sabe? Pois eu vou lhe mostrar!
Diga as iniciais de Cyrano.
Vou lhe mostrar que sei fazer melhor.

POETA (*dizendo as iniciais*)
— Ce...
CYRANO
... o poeta tem habilidade
POETA
Ypicilone...
CYRANO
não atrapalha nada.
POETA
Erre...
CYRANO
... na rima, acerte na verdade.
POETA
Ah!...
CYRANO
... como é bonito quando o homem brada.
POETA
Ene...
CYRANO
... de não, não à desigualdade.
POETA
Oh...
CYRANO
... de orgulho por amar a liberdade.
RAGUENEAU (*de pé, na mesa*)
Minha pastelaria! É um fato cívico!
Estão quebrando tudo! É magnífico!
GENTE (*em torno de* CYRANO)
Amigo! Amigo! — Como foi a história?
— Eram quase duzentos?

LE BRET

É a glória!

CYRANO

Basta!

> [Movimento. Todos se afastam e DE GUICHE aparece escoltado por oficiais, CUIGY, BRISSAILLE, os que partiram com CYRANO no final do 1º ato. CUIGY caminha alegremente para CYRANO.]

CUIGY

O senhor de Guiche. Ele vem
da parte de Gassion, o marechal!

> [Murmúrios, toda a gente lhe dá passagem.]

DE GUICHE (*saudando* CYRANO)

Que me manda expressar sua tamanha
admiração por sua façanha
cuja fama já corre!

A MULTIDÃO

Muito bem!

CYRANO

Nessa matéria, o marechal detém
bastante autoridade...

DE GUICHE

Sim, porém,
jamais teria nisso acreditado
se não tivessem estes lhe jurado

> [Aponta para os oficiais.]

que tinham visto.

CUIGY

Sim, com nossos olhos!

LE BRET (*baixo a* CYRANO *que tem um ar distante*)
Mas...
CYRANO
Cala-te, Le Bret!
LE BRET
Estás sofrendo!
CYRANO (*estremecendo e aprumando-se enérgico*)
Sofrendo, eu? Com essa gente me vendo?
Vou te mostrar!
DE GUICHE (*a quem* CUIGY *segredou alguma coisa*)
Caro senhor, mui poucos
homens podem exibir tão belos feitos.
E serve no entanto com estes loucos
gascões!
CYRANO
Sirvo com eles.
UM CADETE (*com voz terrível*)
Sim, conosco!
DE GUICHE (*olhando os* GASCÕES *em fila atrás de* CYRANO)
Ah, ah, ah, ah! Então esses sujeitos,
de porte altivo são os tais famosos... ?
CARBON
Cyrano!
CYRANO
Capitão?
CARBON
Já que os garbosos
membros da companhia estão presentes
todos aqui, ao conde os apresente!

CYRANO (*dando dois passos para* DE GUICHE *e apontando os* CADETES)
Estes são os cadetes da Gasconha
de Carbon de Castel-Jaloux.
Brigões e mentirosos sem-vergonha
são estes os cadetes da Gasconha!
Falando de heráldica e de bronha,
eles proclamam que o rei está nu!
Estes são os cadetes da Gasconha
de Carbon de Castel-Jaloux.

Olhos de águia, pernas de cegonha,
fuça de gato, dentes de urutu,
eles usam da espada e da coronha!
Olhos de águia, pernas de cegonha,
à sua fúria não há quem se oponha.
Usam um chapéu que parece urubu,
Olhos de águia, pernas de cegonha,
fuça de gato, dentes de urutu!
Perfura-Pança e Solta-Peçonha,
são os apelidos que têm cada um.
Gostam da glória como de borgonha!
Perfura-Pança e Solta-Peçonha,
não há defesa que se lhes oponha
quando se trata de comer angu!
Perfura-Pança e Solta-Peçonha
são os apelidos que têm cada um!

Eis aqui os cadetes da Gasconha
que botam chifres mesmo em canguru!
pra quem toda mulher é sem-vergonha!

Eis aqui os cadetes da Gasconha!
Tratam qualquer marido de pamonha.
Aonde chegam armam um sururu.
Eis aqui os cadetes da Gasconha
de Carbon de Castel-Jaloux!

DE GUICHE
Está na moda hoje cada nobre
ter um poeta. Não quer ser o meu?

CYRANO
Muito obrigado. Não sou de ninguém!

DE GUICHE
Meu tio, o cardeal Richelieu,
riu muito com o que fez lá no teatro.
Se quer colaborar, se lhe convém,
apresento-lhe a ele... Não escreveu
uma peça também?

LE BRET
Agripina (*a* CYRANO). É a oportunidade
de montares a peça, Cyrano!

DE GUICHE
Pois leve-a a ele, que é também autor.

[CYRANO nada diz.]

O principal é perder a vaidade
e deixar que ele mexa numa frase
ou noutra. Você sabe...

CYRANO
Sim, senhor,
eu sei, eu sei... Mas se alguém se atreve
a tocar numa vírgula sequer
do que eu escrevo, o meu sangue ferve!

DE GUICHE
É uma questão apenas de escolher.
Quando ele gosta paga regiamente...
CYRANO
Pois a sua proposta não me serve.
Eu já me dou por pago ao escrever.
O prêmio do poeta, quando escreve,
é o de sentir que cria livremente
a frase e a imagem do que quer dizer.
DE GUICHE
Vejo que o cavalheiro é orgulhoso.
Diria até que é perigosamente
orgulhoso.
CYRANO
                    Admito francamente
que para os outros seja perigoso...

[Olham-se com recíproco desprezo.]

UM CADETE (*que entra trazendo enfiados na espada chapéus com plumas enlameadas e copas esburacadas*)
Cyrano, olha as aves que caçamos
esta manhã! Chapéus dos tais fujões!
CARBON
Extraordinária caça! São faisões!

[Todos riem, menos DE GUICHE.]

CUIGY
Quem terá pago a esses fujões,
não sei, mas deve estar arrependido!
BRISSAILLE
Se é que não terá também fugido!
CARBON
E sabe-se quem foi?

DE GUICHE

Eu os paguei.

[Cessam os risos.]

Paguei-os para darem uma lição
num bêbado... Não quis sujar as mãos.

[Silêncio constrangedor.]

CADETE (*a* CYRANO, *a meia voz, mostrando-lhe os chapéus*)
Que fazer com o produto da caçada?
Estão gordas... Que tal uma fritada?

CYRANO (*pegando a espada onde estão enfiados os chapéus e fazendo-os cair aos pés de* DE GUICHE)
São de vossos amigos, devolvei-os!

DE GUICHE (*que se levanta*)
Minha cadeira, meus carregadores!

UMA VOZ (*que grita na rua*)
Carregadores do Senhor De Guiche!

OUTRA VOZ
De Guiche? Quero mais que ele se lixe!

DE GUICHE (*com um sorriso*)
Conheces Dom Quixote?

CYRANO

Só louvores
tenho para esse louco. É meu irmão!

DE GUICHE
Pois então quando acaso estiver sozinho,
devia meditar por um momento...

CARREGADOR (*entrando com a cadeira*)
A cadeira...

DE GUICHE

No caso do moinho...

CYRANO
Nunca ataquei ninguém movido a vento!

DE GUICHE
Mas pode ocorrer que numa daquelas
suas façanhas, as aspas do moinho
o atirem na lama...

CYRANO
Ou nas estrelas!

[DE GUICHE sobe para a sua cadeirinha. Os senhores se afastam cochichando. LE BRET acompanha-os. A multidão sai.]

OITAVA CENA

CYRANO, LE BRET, OS CADETES que se sentaram à mesa
e a quem servem comida e bebida.

CYRANO (*saudando com zombaria os que saem sem se atreverem
a cumprimentá-lo*)
Senhores... fiquem um pouco mais...

[Ri.]

LE BRET

Estás sempre
buscando sarna pra se coçar!

CYRANO
E lá vem o Le Bret a me ralhar!

LE BRET
E por que tem você que assassinar
toda oportunidade que aparece?

CYRANO
É porque Cyrano jamais carece
de ajuda!

LE BRET
E precisa exagerar?

CYRANO
É uma questão de gosto e de princípio:
acho bonito exagerar assim!

LE BRET

Precisavas ser menos mosqueteiro!

CYRANO

Pois serei mosqueteiro até o fim!

LE BRET

E desprezar a glória e o dinheiro?!

CYRANO

Para manter-me independente, sim!
Ou queres que eu me arranje um protetor
para subir por ele como faz
a parasita, e sem nenhum valor
vencer na vida? Que vitória é essa?
Fazer cada poema dedicado
a um rico burguês, a um grão-senhor?
Não é isso o que eu quero... Obrigado!
Ou devo bajular cada ministro,
transformar-me em bufão condecorado?
Ou diante de cada olhar sinistro
dos poderosos me prostrar curvado
e submisso? Gostarias disso?
Pois a mim não me agrada... Obrigado!
Devo deixar de lado os desvalidos
para aliar-me aos donos do mundo?
Devo louvar o rico e bem-nascido
mas desprezar o pobre e o vagabundo?
Devo buscar a glória a qualquer preço
pagando ao editor pra me editar?
Devo pagar em ouro o que eu mereço
e só com honra e amor devo pagar?
Ser assim é que é ser ajuizado?

Pois prefiro ser louco... Obrigado!
Eu prefiro cantar, sonhar e rir,
ser livre como os pássaros no céu.
Pôr em pé ou de banda o meu chapéu...
E se com esse meu modo de ser
não agrado a muitos, devo admitir
que desagradar é meu prazer!
E se por ser assim não terei glória,
não terei grana, não serei citado,
lego ao povo que amo a minha história.
Porque dele ouvirei: muito obrigado!

> [CRISTIANO que entrou um momento antes encontra-se entre os CADETES que não lhe dirigem a palavra. Acabou por sentar-se sozinho a uma mesa. LISE serve-o.]

NONA CENA

CYRANO, LE BRET, OS CADETES, CRISTIANO.

UM CADETE (*sentado ao fundo, de copo na mão*)
Ei, Cyrano!

[CYRANO volta-se.]

A história!
CYRANO

Conto já!

[Sobe dando o braço a LE BRET.
Conversam em voz baixa.]
CADETE
A história do combate! É uma lição
para o nosso aprendiz!

[Aponta a CRISTIANO.]

CRISTIANO (*erguendo a cabeça*)
Aprendiz, não!
OUTRO CADETE
Diz que não é!... E se comporta mal,
o nosso tímido setentrional!
CADETE (*zombeteiro*)
Senhor de Neuvillette, há certa cousa
de que precisa ser logo informado...
CRISTIANO
E o que é?

OUTRO CADETE

O que é? Olhe pra mim!

[Bate três vezes na ponta do nariz.]

Entendeu?

CRISTIANO

Ah, é o...

OUTRO CADETE

Mas não se ousa

dizer o nome do indigitado!

[Aponta para CYRANO que conversa com LE BRET ao fundo.]

E quem acerca disso algo diz
ou faz um gesto mal-intencionado,
pode juntar a alma e a bagagem
porque em breve vai virar visagem!

[Um outro, pondo-lhe a mão no ombro.]

Não é brinquedo não! Ninguém se atreve
a rir da pronunciada cartilagem!

[Silêncio. À sua volta todos o olham de braços cruzados. Ele se levanta, dirige-se a CARBON de Castel-Jaloux que, falando com um oficial, parece nada ter visto.]

CRISTIANO

Capitão, por favor.

CARBON (*voltando-se e medindo-o com os olhos*)

Sim...

CRISTIANO

O que se faz

quando se encontra com meridionais
gabolas?

CAPITÃO

    Prova-se que os setentrionais
também são corajosos.

                            [Dá-lhe as costas.]

CRISTIANO

        Obrigado.

1º CADETE (*a* CYRANO)

    E agora, a tua história, Cyrano!

CYRANO (*vindo para eles*)

    A minha história... E, foi engraçado!...
Caminhava sozinho ao seu encontro,
sob um luar que me deixava tonto
de emoção. Mas, de súbito, a lua
— que parecia desenhada a giz —
foi tapada por nuvens e a rua,
o mundo inteiro se cobriu de trevas.
Não enxergava adiante...

CRISTIANO

        do nariz.

        [Silêncio! Todos se levantam lenta-
        mente, olhando para CYRANO,
        estupefato. Expectativa.]

    Quem é este senhor?

UM CADETE (*a meia voz*)

        É um senhor
que acaba de chegar. Hoje chegou.

CYRANO (*dando um passo na direção de* CRISTIANO)

    Hoje chegou?

CARBON

        E se chama Barão
de Neuvi...

CYRANO

Basta! Sei...

[Empalidece, cora, faz ainda um movimento para se lançar sobre CRISTIANO.]

É... Muito bem!

Como eu dizia... Ali nada se via.

[Surpresa. Todos voltam a se sentar, olhando uns para os outros.]

E eu segui pela rua a ponderar
que, por um pobre-diabo, ia irritar
um nobre que talvez me agarraria...

CRISTIANO

Pelo nariz.

[Todos se levantam. CRISTIANO se balança na cadeira.]

CYRANO (*com voz estrangulada entre seus dentes*)

e me criaria problemas.

Era imprudente meter...

CRISTIANO

o nariz.

CYRANO

A mão entre a bigorna e o martelo
e receber assim a martelada...

CRISTIANO

no nariz

CYRANO (*enxugando o suor da testa*)

que ao outro seria destinada.
Mas em seguida disse a mim: que nada,
Cyrano, um gascão não se intimida!
É quando recebo uma...

CRISTIANO

Narigada!

CYRANO

Aparo o golpe e então me vejo...

CRISTIANO

Nariz contra nariz!

CYRANO (*avançando para ele*)
Com mil demônios! Eu...

[Todos os GASCÕES se precipitam
para ver. Junto a CRISTIANO, do-
mina-se e prossegue.]
Era um infeliz
grupo de desordeiros que fediam...

CRISTIANO

Ao nariz.

CYRANO (*pálido e risonho*)
a alho e cebola. De cabeça baixa...

CRISTIANO

nariz ao vento...

CYRANO

Avanço! Ou vai ou racha!
Firo dois deles! Outro empalo vivo!
Alguém me ataca. Pulo pra trás, e livro...

CRISTIANO

O nariz.

CYRANO (*explodindo*)
Demônios! Saiam já todos daqui!

[Os CADETES correm para a porta.]

1º CADETE
Ele puxou o rabo da serpente!

113

CYRANO

Saiam! Deixem-me só com este valente!...

2º CADETE

Vai fazer do coitado picadinho!

RAGUENEAU

Picadinho?

OUTRO CADETE

Recheio de pastel!

RAGUENEAU (*tonteando*)

Sinto-me desmaiar devagarinho...

CARBON

Vamos sair!

UM OUTRO

O pobre se meteu
numa fria!

UM OUTRO

Agora é rezar a Deus!

> [Saem todos. Uns pelos fundos, outros pelos lados — Alguns desaparecem pela escada. CYRANO e CRISTIANO ficam frente a frente.]

DÉCIMA CENA

CYRANO e CRISTIANO.

CYRANO
Um abraço.
CRISTIANO
Senhor!
CYRANO
És corajoso!
CRISTIANO
Ora! Mas... eu...
CYRANO
És corajoso, sim!
E isso me agrada. Sinto-me orgulhoso
de poder abraçá-lo!
CRISTIANO
Mas a mim...
que... ?
CYRANO
Isso não conta. Eu sou seu irmão!
CRISTIANO
De quem?
CYRANO
Ora de quem podia ser?
Dela, sim, dela!

CRISTIANO

O quê!

CYRANO

De tua amada Roxana, valentão!

CRISTIANO (*correndo para ele*)

Mal posso acreditar! És seu irmão?

CYRANO

Sou quase irmão: um primo fraternal.

CRISTIANO

E ela falou de mim alguma vez?

CYRANO

Ela hesitou um pouco. E afinal
contou.

CRISTIANO

Ela me ama então?

CYRANO

Talvez!

CRISTIANO (*tomando-lhe as mãos*)

Senhor, mal sabe como estou feliz
de tê-lo conhecido!

CYRANO

Algo me diz
que esse é um amor correspondido.

CRISTIANO

Desculpe a minha agressividade.

CYRANO (*que o olha, põe-lhe a mão no ombro*)

É, o garoto é bonito de verdade!

CRISTIANO

Quero dizer-lhe quanto o admiro!

CYRANO

Apesar dos narizes?

CRISTIANO

          Eu retiro
o que disse.

CYRANO

       Roxana está esperando
esta noite por uma carta sua...

CRISTIANO

Não posso!

CYRANO

      O quê?

CRISTIANO

        Escrever-lhe. É a crua
verdade. Se me mostro como sou,
estou perdido.

CYRANO

      Como assim?

CRISTIANO

         Não vou
deixar que ela perceba que sou tolo!
Se ela o percebesse, eu morreria
de vergonha.

CYRANO

      Nada disso. Eu não diria
que é tolo quem tem disso consciência.
E nem tampouco quem, com galhardia,
gozou de meu nariz.

CRISTIANO

       Ora, a insolência
é própria de um espírito militar
como o meu, agressivo. Com as mulheres
é preciso outro jeito de falar...

E os olhos dela têm tanto carinho
quando me fitam!

CYRANO

                    Olha, se quiseres,
terás seu coração, que te pertence.

CRISTIANO

Não estou tão certo, porque sou daqueles. .
Não sei falar de amor!

CYRANO

                    Não me convence
o que me dizes... Todos são capazes
de exprimir o que têm no coração.
Eu, se fosse como outros rapazes,
mais bem-feitinho, encontraria frases
para falar de amor com emoção...

CRISTIANO

Se eu pudesse falar como um poeta!...

CYRANO

Ah, se eu fosse bonito!...

CRISTIANO

                         Ah, na certa,
irei desapontá-la! Ela é exigente!

CYRANO

Creio que encontrei a solução:
Tu és bonito, eu sou eloquente.

CRISTIANO

Sim, e daí?

CYRANO

              É uma junção notável:
as duas coisas juntas e teremos
um herói de romance incomparável!

CRISTIANO
Mas como?

CYRANO
          Estás disposto a repetir
o que eu possa ensinar-te? Ou não?

CRISTIANO
Estás propondo...

CYRANO
            Uma sedução
a dois! Tu emprestas teu corpo
belo, elegante e nele eu ponho o sopro
do meu espírito. E a nossa Roxana
não sofrerá uma desilusão!

CRISTIANO
Mas, Cyrano!...

CYRANO
          Qual é tua resposta?

CRISTIANO
Tenho medo!

CYRANO
         Maior do que o desejo
de beijá-la? De arrefecer-lhe o coração?
Se em teus lábios puseres a emoção
de minhas frases, ganharás seu beijo!

CRISTIANO
Teus olhos brilham!

CYRANO
           Aceitas a proposta?

CRISTIANO
E isso te dá tanta satisfação?

CYRANO

Isso...

[Contendo-se e dissimulando.]
não deixa de ser engraçado!
Eu te completo, você me completa...
Serás meu corpo e serei tua alma.
Onde estiveres me terás ao lado
a te soprar ardor e inspiração...
Nada mais fascinante pra um poeta!

CRISTIANO

E a carta que preciso lhe enviar?
Não saberei...

CYRANO (*tirando a carta do bolso e entregando-a a* CRISTIANO)
Mas ora, não precisa.
Está pronta, só falta endereçar.

CRISTIANO

Mas como?

CYRANO

Não importa, está bonita.

CRISTIANO

Você a tinha escrito?!

CYRANO

Eu suponho
que desconheces o tipo que sou...
Eu sou do tipo que só ama em sonho.
Que escreve cartas à mulher amada
embora essa mulher não seja nada,
seja só fantasia e ilusão.
Lanço ao acaso confissões e queixas,
exalto olhos e louvo madeixas

que são de todas e de ninguém são...
Mas a carta é sincera, dela exala
um sentimento verdadeiro, o poeta
quanto mais finge mais sincero fala.

CRISTIANO
Mas essa carta escrita em devaneio
servirá pra Roxana?

CYRANO
                              Sem receio
pode entregá-la.

CRISTIANO
                        E não há perigo...

CYRANO
Pode estar certo que Roxana ao lê-la
ficará convencida que é pra ela.

CRISTIANO
É claro, ficará... Meu grande amigo!

> [Lança-se nos braços de CYRANO.
> Ficam os dois abraçados.]

DÉCIMA PRIMEIRA CENA

CYRANO, CRISTIANO, OS GASCÕES,
O MOSQUETEIRO, LISE.

UM CADETE (*entreabrindo a porta*)
É um silêncio!... Nem me atrevo a olhar!

[Mete a cabeça.]

O quê?

[Todos os CADETES entram e veem
CYRANO e CRISTIANO abraçados.]

O quê?!

UM CADETE

Não dá pra acreditar!

[Consternação.]

MOSQUETEIRO (*irônico*)
Olá!

[A LISE.]

Não disse? Desse tipo eu manjo!

CARBON
Eis que o nosso demônio virou anjo!

MOSQUETEIRO
Já se pode falar-lhe no nariz?

[Com ar triunfante.]

Ei, Lise! Olha, ele não é de nada!

[Farejando com afetação.]

122

Que cheiro! (*A* Cyrano) Será que você me diz
a que cheira isto aqui?
Cyrano (*esbofeteando-o*)
a bofetada!

[Alegria. Os Cadetes recuperam
Cyrano: dão cambalhotas.]

FIM
DO SEGUNDO ATO

TERCEIRO ATO

O BEIJO DE ROXANA
(*O balcão*)

UMA PEQUENA PRAÇA NO ANTIGO bairro do Marais. Casas velhas. Perspectiva de vielas. À direita, a casa de Roxana e o muro do seu jardim coberto de espessa folhagem. Por cima da porta, uma janela com sacada. Um banco em frente à entrada.

A hera trepa pelo muro, o jasmineiro engrinalda o parapeito da sacada, serpenteia e torna a cair.

Com a ajuda do banco e das pedras salientes da parede, facilmente se pode trepar até a sacada.

Em frente: uma velha casa do mesmo estilo, tijolo e pedra, com uma porta de entrada. A aldabra está embrulhada em pano como um dedo ferido.

Ao erguer-se o pano, a Aia está sentada no banco. A janela, escancarada.

Junto à Aia, Ragueneau está de pé. Traja uma espécie de libré. Termina o que estava contando e enxuga os olhos.

PRIMEIRA CENA

RAGUENEAU, a AIA, depois ROXANA,
CYRANO e dois PAJENS.

RAGUENEAU
Depois, ela partiu com o mosqueteiro!
Só, desencantado e sem dinheiro,
pensei em me matar. Mas não sei como,
Bergerac surgiu, me fez mordomo
de sua prima... É um grande amigo!
AIA
Mas como isso aconteceu contigo,
Ragueneau?
RAGUENEAU
Ela amava os guerreiros
eu amava os poetas... Já tás vendo
que a coisa tinha que acabar fedendo...
Apolo e Marte não são companheiros!
AIA (*levantando-se*)
Anda, Roxana, o pessoal espera!
VOZ DE ROXANA (*pela janela*)
Vou pôr a capa...
AIA (*a* RAGUENEAU)
Essa é a primeira
palestra na casa da Clomira, ali em frente.
Sobre a Ternura...

RAGUENEAU

E vai muita gente?

AIA

Fica assim!

[Faz o gesto e grita para a janela.]

Desce logo, criatura!

Ou perdes a palestra!

RAGUENEAU

A Ternura...

Um belo tema!

[Ouve-se música que se aproxima.]

VOZ DE CYRANO

Larará... rá, rá!

AIA (*surpresa*)

É uma serenata à nossa porta!

CYRANO (*seguido de dois* PAJENS *que tocam*)

Que fusa! Só se for tua avó torta!

1º PAJEM (*irônico*)

Sabe quando são fusas as colcheias?

CYRANO

Não te dás contas, não, quando chateias?

O PAJEM (*tocando e cantando*)

Lá! lá!

CYRANO (*tomando-lhe o instrumento*)

Eu continuo... La! la! la! la!

ROXANA (*surge na janela*)

Oh, é você?

CYRANO (*cantando com a música*)

O poeta não se engana.

Entre as flores do jardim

canta sempre a flor rosa... da!

ROXANA

Vou descer já!

[Abandona a sacada.]

CYRANO (*aos músicos*)

E vocês, saiam daqui!
Vão tocar uma pavana a Montfleury...

[Os PAJENS se preparam para sair.
À AIA.]

Bem... Vim saber notícias de Roxana

[Aos PAJENS.]

Toquem desafinada essa pavana!...

ROXANA (*saindo da casa*)

Ele é tão belo e tem tanto espírito!

CYRANO

Cristiano? Estás perdendo o senso crítico?

ROXANA

Tem mais do que você!

CYRANO

Isso é possível...

ROXANA

Olha, Cristiano é uma pessoa incrível!
Sabe falar como ninguém no mundo
dessas coisas de nada que são tudo...
É certo que ele aqui e ali tropeça.

CYRANO

Hum!

[Prendendo o riso.]

ROXANA

Ah, vocês homens! Só por ser bonito,
ele tem que ter minhocas na cabeça?

CYRANO
Mas eu não falei nada, ora essa!

ROXANA
Só você vendo como ele disserta
sobre o amor, a alma, o coração...

CYRANO
E ele escreve também?

ROXANA
Dá a impressão
que é um poeta! "Ao dar meu coração
mais tenho coração", ele escreveu.

CYRANO
Não está mal!

ROXANA
"Mas se, para sofrer
preciso de coração, manda-me o teu!"
Que te parece?

CYRANO
É coração demais!

ROXANA
Tu me irritas! Já sei... É o ciúme...

CYRANO
O quê?

ROXANA
... de autor! Não vês quanto é bonito?
"Se meus beijos te dou só por escrito,
devias ler com os lábios minhas cartas."

CYRANO (*que involuntariamente sorri de satisfação*)
Muito fraquinho!...

ROXANA
Para! Já estou farta!

CYRANO (*conciliador*)
E tens de cor todas as suas cartas?
ROXANA
Todas!
CYRANO (*torcendo o bigode*)
Oh, isso é muito lisonjeiro!
ROXANA
É um mestre!
CYRANO (*modesto*)
Oh!... um mestre!
ROXANA
Um verdadeiro
mestre!
CYRANO (*sorrindo*)
Está bem!... Serei o derradeiro
a negá-lo!
AIA (*que tinha subido, desce apressadamente*)
É de Guiche! Entre depressa!
[Empurra CYRANO para dentro da casa.]
Melhor não vê-lo! Ia desconfiar!...
ROXANA (*a* CYRANO)
Se ele souber, vai meter na cabeça
que meu namoro deve terminar.
E como é poderoso e diz me amar...
[CYRANO *sai de cena.*]

SEGUNDA CENA

ROXANA, DE GUICHE, a AIA, afastada.

ROXANA
Ia sair.
DE GUICHE
Vim me despedir.
ROXANA
Partes?
DE GUICHE
Sim, para a guerra, esta noite
mesmo.
ROXANA
Ah!
DE GUICHE
Tenho ordens. Cercam Arrás.
ROXANA
Ah, cercam, é?
DE GUICHE
Parece indiferente.
ROXANA (*polidamente*)
Oh! não! Eu estou triste por demais...
DE GUICHE
Ainda a verei? Não sei. Daqui pra frente.
Tudo é incerteza... Deram-me a patente
de coronel, sabias?

ROXANA

                Oh, que bravo!

DE GUICHE

Do Regimento dos Guardas. É o oitavo...

ROXANA (*interessada*)

Dos Guardas?

DE GUICHE

             Onde serve o seu primo.

Das frases dele, desta vez me vingo...

ROXANA (*aflita*)

Os Guardas vão pra guerra?

DE GUICHE

                Com certeza.

É o meu regimento.

ROXANA

             E como ousa!...

DE GUICHE (*vendo-a atordoada*)

Que disse? Sente alguma coisa?

ROXANA (*muito comovida*)

Esta partida... mal posso resistir!

Amar alguém e vê-lo assim partir!

DE GUICHE (*surpreendido*)

Nunca a ouvira dizer, minha senhora,

palavras tão suaves como agora.

ROXANA (*mudando de tom*)

Desejas se vingar de Cyrano?

DE GUICHE

Por quê? És contra?

ROXANA

            Não, sou a favor!

DE GUICHE
Por toda parte o veem com um cadete

[Tenta lembrar o nome.]

Um tal de Nevi... Nevi.. Nevillette.

ROXANA
Alto?

DE GUICHE
Louro.

ROXANA
Ruivo?

DE GUICHE
Belo mas tolo.

ROXANA
Assim parece...

[Outro tom.]

Para se vingar
de Cyrano, vai mandá-lo pra lutar?
Ele gosta de luta, é valentão!
Eu tenho uma ideia bem melhor.

DE GUICHE
Qual?

ROXANA
Em vez de mandá-lo para a guerra,
pior será deixá-lo aqui na terra.
Para ele não há maior castigo
que mantê-lo afastado do perigo.

DE GUICHE
Uma mulher, só uma mulher enfim
é capaz de pensar coisas assim!

ROXANA
Cyrano vai rosnar indignado
e o senhor vai se sentir vingado!

DE GUICHE
Gostas de mim!

[Ela sorri.]

       É uma prova de amor
partilhares assim de meu rancor,
Roxana...

ROXANA
     É, de certo modo, alguma...

DE GUICHE (*mostra várias cartas*)
Vou ordenar: todas as companhias
seguirão para a guerra, exceto uma!

[Retira uma das cartas.]

A dos cadetes: esta!

[Guarda-a no bolso.]

       Eu pagaria

[Ri.]

pra ver a tua cara, Cyrano!
Ir para a guerra, valentão? Querias!
E você? Vejo que é mestra em pirraças...

ROXANA
Às vezes.

DE GUICHE (*bem junto dela*)
Me deixas louco! com essa sua graça!
Escuta-me: esta noite devo ir.
Mas a vejo tão triste que partir
me deixa o coração dilacerado...
Penso ficar oculto num convento
de capuchinhos que são mui chegados,
tu sabes, ao meu tio Richelieu.
E voltarei de noite mascarado

que assim ninguém vai me reconhecer...
Teria mais um dia ao seu lado!

ROXANA

Mas se disso soubessem, a sua glória...

DE GUICHE

Que importa?

ROXANA

Como? Ficará na história
da França esta batalha, monsieur De Guiche.
Pense na história...

DE GUICHE

A história que se lixe!
Aprovas?

ROXANA

Não!

DE GUICHE

Roxana, por favor...

ROXANA

Jamais!

DE GUICHE

Consente!

ROXANA

Proíbo-o, meu senhor!
Deve partir!

[Aparte.]

Mas Cristiano fica!

[Alto.]

Deve cumprir o seu dever, lhe peço!

DE GUICHE

Palavra santa! Então amas aquele...

ROXANA

Aquele sim pelo qual estremeço.

DE GUICHE (*transportado*)

Eu parto!

Estás contente?

[Beija-lhe a mão.]

ROXANA

Sim, amigo!

[Ele sai.]

AIA (*reverência cômica*)

Sim, amigo!

ROXANA

Silêncio! É um perigo
se acaso Cyrano desconfiar
que fui eu que o impedi de ir guerrear!

[CYRANO volta.]

TERCEIRA CENA

Roxana, a Aia, Cyrano.

Vamos à casa de Clomira.

[Aponta para a porta em frente.]

Alcandra
deve falar e Lysimon também.
Algo me diz que chegaremos tarde.

Cyrano
Palavras!... Grande coisa não se perde...

[Chegam à porta de Clomira.]

A aldabra, vejam! Até parece um embrulho
de pano!

[Falando à aldabra.]

Isso é para abafar o teu barulho!

[Levanta-a com infinitos cuidados
e bate suavemente.]

Roxana (*vendo que abrem*)

[A Cyrano.]

Diga a Cristiano para me esperar
caso ele venha.

Cyrano
Pode me dizer
sobre que tema deverão falar?

ROXANA
Eu esta noite vou lhe perguntar
sobre... o...

CYRANO
                Sobre o quê?

ROXANA
                        Não vai lhe falar!

CYRANO
Claro que não!...

ROXANA
                Bem, nada especial:
pedir que solte a imaginação,
que ele improvise, seja genial!

CYRANO (*que sorri*)
Bom.

ROXANA
        Chiu!

CYRANO
                Chiu!

ROXANA
                Chiu! Nenhuma indiscrição!

> [Entra e fecha a porta: CYRANO
> a cumprimenta depois da porta
> fechada. A porta volta a abrir-se.]

ROXANA
É que se ele souber, vai preparar-se.
E o que eu quero é a improvisação...

CYRANO
Que diabo! Não!

ROXANA (*faz sinal de silêncio*)
                Está a aproximar-se!

> [Entra e fecha a porta. Aparece
> CRISTIANO.]

QUARTA CENA

CYRANO, CRISTIANO.

CYRANO
Já sei de tudo! Vem, vou preparar-te!
CRISTIANO
Não quero!
CYRANO
O quê? Que bicho te mordeu?
CRISTIANO
Estou cansado de cartas e discurso
que não são meus! Vou esperá-la aqui!
CYRANO
Se improvisar não sabes, que recurso
terás para encantá-la?
CRISTIANO
Oh! Já vi
que ela me ama. Não precisarei
mais ficar repetindo o que mal sei.
CYRANO
Bem! Bem!
CRISTIANO
E além do mais, já fiz um curso
contigo. Ou não? Já me sinto capaz

140

de falar sem tremer, sem embaraço
com ela... E não se esqueça, rapaz,
que eu também posso tomá-la nos braços!

> [Vendo que Roxana sai da casa de
> Clomira e Cyrano faz menção
> de se ir.]

Cyrano, não me deixa! Um momentinho!

Cyrano

Não te dizes capaz? Pois vai sozinho!

> [Some detrás do muro do jardim.]

QUINTA CENA

CRISTIANO, ROXANA, homens, mulheres e a AIA,
só por um momento. Despedem-se uns dos outros.
Todos cumprimentam ROXANA.
Afastam-se. ROXANA vê CRISTIANO.

ROXANA (*vai até ele*)
  E você? Já se foram. Um minuto.
  A noite cai com suavidade e graça.
  Senta aqui. Tudo é calma. Ninguém passa.
  Fala agora, Cristiano. Eu te escuto...
CRISTIANO (*senta-se junto a ela no banco*)

  [Silêncio.]

  Eu te amo.
ROXANA
  Sim, fala de amor...
CRISTIANO

  Eu te amo.
ROXANA
  Sim, sim, mas fantasia! Vai!
CRISTIANO

  Te amo...
ROXANA
  Fantasia! Não sabes o que eu chamo
  fantasiar? Solta a imaginação!

CRISTIANO

Eu te amo tanto...

ROXANA

Certo. E depois?

CRISTIANO

Ficaria contente se nós dois
nos amássemos, hein! Diz que me amas!

ROXANA

Esperava um suflê, serves arroz!
Quero te ouvir dizer como te inflamas
com esse amor! Como é?

CRISTIANO

É muito grande.

ROXANA

Acho que não entendes o que falo!
Fantasia!

CRISTIANO (*que se chegou a ela*)

Teu colo... vou beijá-lo!

ROXANA

Cristiano!

CRISTIANO

Eu te amo!

ROXANA (*que tenta levantar-se*)

Outra vez!

CRISTIANO (*retendo-a*)

Não te amo, não!

ROXANA (*volta a sentar-se*)

Melhorou! Talvez...

CRISTIANO

Adoro-te!...

ROXANA

Oh!

CRISTIANO

Demais!...

ROXANA

Então não vês
que isso me aborrece?

CRISTIANO

Ah, sei! De bobo
me fazes!

ROXANA

Eu? Tu já não tens arroubo!
Eu sei que todo amor fala bonito
sempre, de viva voz ou por escrito.
E se tua eloquência terminou,
é que o amor por mim já se acabou...
Vai! Reacende a chama que morreu!

CRISTIANO

Roxana! Eu te...

ROXANA

Disso eu já sei. Adeus!

SEXTA CENA

CRISTIANO, CYRANO, OS PAJENS só por um momento.

CRISTIANO
  Socorro! Cyrano!
CYRANO
                Por que socorro?
CRISTIANO
  Se não viro poeta agora, eu morro!
CYRANO
  Não vai acontecer... E como queres
  que eu te ensine a falar com as mulheres
  tão de repente?
CRISTIANO (*agarrando-o*)
                Olha pra lá! E vê!

                        [A janela de ROXANA se ilumina.]

CYRANO (*comovido*)
  A janela dela!
CRISTIANO
              Quero morrer!
CYRANO
  Não grita! Ela te ouve!

CRISTIANO (*baixinho*)

Oh, morrer!...

CYRANO

A noite está escura...

CRISTIANO

Muito! E então?

CYRANO

Não mereces ajuda, fanfarrão
miserável! Fica ali. Frente à janela!
Vou segredar-te o que dirás a ela.

CRISTIANO

Mas...

CYRANO

Cala boca!

OS PAJENS (*que aparecem ao fundo, a* CYRANO)

Eh!

CYRANO

Silêncio aí!

[Faz sinal para que falem baixo.]

1º PAJEM

Está feita a serenata a Montfleury!

CYRANO (*baixo, rápido*)

Vai lá pra esquina e fica escondido.
Você pra outra. Qualquer enxerido
que surja, toquem uma coisa qualquer.

2º PAJEM

Que ária, seu maestro?

CYRANO

Uma triste

se for homem, alegre se for mulher.

[Os PAJENS desaparecem cada um para sua esquina. CYRANO se esconde. A CRISTIANO.]

Agora!

CRISTIANO (*gritando*)

Roxana! Roxana! Ouviste?

[CYRANO apanha umas pedrinhas, entrega a CRISTIANO.]

Com estas pedrinhas ela não resiste!

SÉTIMA CENA

ROXANA, CRISTIANO, que se escondeu sob a sacada.

ROXANA (*entreabrindo a janela*)
  Quem me chama?
CRISTIANO
           Eu!
ROXANA
             Eu quem?
CRISTIANO
                  Cristiano!
ROXANA
  Você?
CRISTIANO
    Quero falar-te.
CYRANO (*sob a sacada*)
          Abaixa a voz.
ROXANA
  Prefiro não ter outro desengano!
  Falas mal.
CRISTIANO
       Outra chance, por favor!
  Por compaixão!
ROXANA
       Já não me tens amor!

CRISTIANO (*a quem* CYRANO *segreda as palavras*)
Dizer que não te amo é ingratidão
aos deuses! Eu deliro de paixão!
ROXANA (*que ia fechar a janela, se detém*)
Nossa! Melhorou muito!
CRISTIANO (*mesmo jogo*)
O amor cresceu
mais do que nunca, amada minha, neste
peito que por morada ele escolheu!
ROXANA (*vindo à sacada*)
Está melhor! E por que não quiseste
matar no berço o amor que te atormenta?
CRISTIANO (*mesmo jogo*)
Em vão contra o amor a mente investe.

[Gagueja.]

Quanto mais o sufoco mais aumenta!
ROXANA
Por que falas com tanta hesitação?
Tens reumatismo na imaginação?
CYRANO (*põe-se no lugar de* CRISTIANO)
Cala-te! Vais botar tudo a perder!
ROXANA
Tão hesitante estás, hoje. Por quê?
CYRANO (*que imita* CRISTIANO, *a meia voz*)
Porque o escuro da noite dificulta
a clareza da fala...
ROXANA
Mas resulta
que a minha chega a ti bem claramente.

CYRANO

É que estás no alto e eu aqui.

Para as palavras, como para os homens,

é mais fácil descer do que subir.

ROXANA

Mas às vezes, depressa elas sobem!

CYRANO

É que desse exercício ficam leves.

ROXANA

Tens razão. Falo de uma boa altura.

CYRANO

E talvez eu morresse se deixasse

de tão alto cair palavra dura.

ROXANA

Vou descer!

CYRANO

        Não! Não desça!

ROXANA

            Por que não?

CYRANO (*emocionado*)

Desejo aproveitar a ocasião

de nos falarmos sem que nos vejamos.

ROXANA

Sem que vejamos?

CYRANO

        Sim, na noite escura,

não passo de uma sombra que se move.

E dentro dessa noite és a brancura,

a luz, o amor, a fé que me comove!

E se alguma vez fui eloquente...

ROXANA
Foste!

CYRANO
Não era de meu coração
a voz que ouvias...

ROXANA
Então mentias?

CYRANO
Eu não falava, e sim por intermédio...

ROXANA
De quem?

CYRANO
Dessa vertigem sem remédio
que a quem te ver arrasta vorazmente!

ROXANA
Sinto que a tua voz está diferente!

CYRANO
É uma outra voz que a teu ouvido chega
porque, aproveitando a noite negra,
ouso ser eu enfim...

[Detém-se e com espanto.]
Mas onde estava?
Pedir-me... Isso é tão novo! Não contava
de viver um instante tão feliz!

ROXANA
Tão novo?

CYRANO (*perturbado*)
Sim, é novo ser sincero...

ROXANA
Mas o que há? Nunca falaste assim!

CYRANO

É que é hora de abrir-te o coração!
Não de usar de palavras delicadas
mas de deixar que jorrem liberadas
as incontidas águas da paixão.
Sejamos simples sob essas estrelas
que pairam sobre nós perenemente.
As palavras mais simples são mais belas
porque transmitem o que a pessoa sente
no mais fundo de si, mas mesmo elas
não servem pra dizer inteiramente
deste amor que nasceu timidamente
mas com a força do vento e das procelas!
Este amor que, a fugir da claridade,
escondeu-se de todos, nas vielas,
escondeu-se nos becos, nas tavernas,
e oculto te seguiu pela cidade,
numa manhã de maio das mais belas
e soube reparar, no seu cuidado,
quando um dia mudaste o penteado
e sobraçavas flores amarelas...
O coração batia, e era essa
a única fala desse amor que agora,
nesta noite bendita se confessa.
E esta confissão te faz tremer!
Esperança tão grande eu nunca tive!
Agora eu sei pra que é que um homem vive.
E só me resta, porque o sei, morrer.
E é pelas palavras que te digo
que estremeces entre ramos azuis.

E hesitas, atraída para mim,
e essa tua mão feita de carne e luz
quer descer pelas ramas do jasmim.

[Beija loucamente a extremidade de um ramo que pende.]

ROXANA

Eu choro, sim, eu tremo, eu te pertenço.
Oh, me deixas louca! Eu sou tua enfim!

CYRANO

E agora venha a morte! Quando penso
que pude arrebatar-te, não desejo
da vida senão uma coisa...

CRISTIANO (*sob a sacada*)

um beijo!

ROXANA (*que recua*)

O quê?

CYRANO

Oh!

ROXANA

Pedes?

CYRANO

Eu... eu... peço, sim...

[A CRISTIANO, baixo.]

Vais depressa demais!

CRISTIANO

A hora é essa,
tenho que aproveitar que ela está ganha!

CYRANO (*a* ROXANA)

Espero desculpar-me de tamanha
audácia!

ROXANA

E desistes tão depressa?

CYRANO

Desistir não desisto... É meu desejo
mas... é melhor talvez negar-me o beijo.

CRISTIANO (*puxando a capa de* CYRANO)

Mas por quê?

CYRANO (*a* CRISTIANO)

Cala a boca, Cristiano!

ROXANA

O que dizes tão baixo que eu não ouço?

CYRANO

Costumo criticar-me quando ouso
demais... Disse-me: cala-te, Cristiano!

[Ouve-se a música dos PAJENS.]

CYRANO

Um instante! Vem alguém se não me engano!

[ROXANA fecha a janela. CYRANO
escuta os instrumentos: um toca
uma ária alegre, outro, uma triste.]

Alegre... triste... Como entender
se quem vem lá é um homem ou uma mulher?

[Entra um CAPUCHINHO que, de
casa em casa, com uma lanterna
na mão, olha as portas, depois sai.]

OITAVA CENA

CYRANO, CRISTIANO.

CRISTIANO
Consegue-me esse beijo.
CYRANO
Não!
CRISTIANO
Ou cedo
ou tarde...
CYRANO
Eu sei, vais consegui-lo e então
a tua boca e a dela acabarão
por se reunirem num fervor sem fim...

[Para si próprio.]
Se tem que ser, seja através de mim...

[Barulho de janela que se abre.
CRISTIANO oculta-se debaixo da
sacada.]

NONA CENA

CYRANO, CRISTIANO, ROXANA.

ROXANA (*que se debruça no parapeito*)
É você? Falávamos de... de... um...
CYRANO

                      Beijo.

É suave a palavra e eu não vejo
nenhuma razão pra não dizê-la.
Oh, não receias que essa coisa bela
te aconteça. Uma vez que já passaste
do sorriso ao suspiro e deslizaste
do suspiro aos olhos cheios d'água
não há de te causar a menor mágoa
ir ao encontro do maior desejo...
ROXANA
Cala-te!
CYRANO
      Um beijo, que é afinal um beijo?
É a confissão um pouco mais de perto,
quando se apreende o sentido certo
da vida, sem falar seja o que for:
é uma flor segredando a outra flor...

ROXANA
Está bem. Sobe e aproxima a tua boca
à minha flor...

CYRANO (*que empurra* CRISTIANO)
　　　　　Vai, sobe!

ROXANA
　　　　　　　　A confissão
feita de perto...
　　　　Sobe!

ROXANA
　　　　　　　O coração
na flor dos lábios...

CYRANO
　　　　　　Vai! Sobes ou não?

CRISTIANO
Tenho a impressão de que procedo mal!

ROXANA
Segredando a outra flor!

CYRANO
　　　　　　　Sobe, animal!

　　　　　　　[CRISTIANO decide-se e, pelo banco,
　　　　　　　galhos, pilares, alcança a sacada.]

CRISTIANO
Roxana, meu amor!... Ah!... Afinal!

　　　　　　　　　[Abraça-a e beija-a.]

CYRANO
Estou fora da festa que inventei!
Mas a meu peito alguma coisa chega
do beijo a que, fremendo, ela se entrega.
Estarei delirando? Estarei louco?

Não! A outro beijando ela me beija;
beija as palavras que lhe disse há pouco!

[Ouve-se a ária dos PAJENS.]

Ária triste, ária alegre... é o capuchinho!

[Simula correr como se viesse de longe.]

Olá!

ROXANA

Quem é?

CYRANO

Sou eu, ia a caminho...
Cristiano está aí?

CRISTIANO (*surpreso*)

É Cyrano!

ROXANA

Olá, primo!

CYRANO

Olá!
Espera aí que eu vou
descer.

[Desaparece da janela. Ao fundo entra o CAPUCHINHO.]

CRISTIANO (*vendo-o*)

Ele parece que cismou!

[Segue ROXANA.]

DÉCIMA CENA

CYRANO, CRISTIANO, ROXANA,
CAPUCHINHO, RAGUENEAU.

CAPUCHINHO
É aqui mesmo. Madeleine Robin!
ROXANA (*que surge na entrada da porta, seguida por*
RAGUENEAU *com uma lanterna e* CRISTIANO)
Que deseja?
CAPUCHINHO
Uma carta.
CRISTIANO
O quê?
CAPUCHINHO
Decerto
trata de assunto que fala de perto
à senhorita. É de um senhor mui digno...
ROXANA
De Guiche!
CRISTIANO
Ele se atreve? Ele é indigno
de você...
ROXANA
Deixará de importunar-me!
breve!...

[Abre a carta.]

Amo-vos...

> [À luz da lanterna de RAGUENEAU,
> lê em voz baixa.]

"... que possa perdoar-me
se por amor eu vos desobedeço.
Meu regimento parte sem contar-me
entre os seus pares, e eu permaneço
no convento. Irei ver-vos hoje. No entanto,
envio-vos este aviso por um santo
homem que dessas coisas nada entende.
Desculpai quem assim tanto pretende... "

> [AO CAPUCHINHO.]

Reverendo, escute. A carta diz:

> [Todos se aproximam. Ela lê em
> voz alta.]

"Senhora: é decisão do cardeal,
— que só deseja torná-la feliz —
que recebeis do santo capuchinho,
que esta vos leva, a bênção nupcial.
Casai-vos em segredo com Cristiano,
que a vosso encontro irá. O coração
nos induz muitas vezes ao engano.
Aceitai pois com resignação
esta sábia e prudente decisão.
Do sempre vosso humilde... "

CAPUCHINHO (*radiante*)

          Eu sabia
que era santa a missão que me trazia
aqui.

ROXANA (*baixo, a* CRISTIANO)

    Vês como eu sei ler cartas bem?

CRISTIANO

Hum! hum!

ROXANA (*alto, em desespero*)

Ah, é horrível!

CAPUCHINHO (*que iluminou* CYRANO)

Sim, mas quem
é o noivo?

CRISTIANO

Sou eu.

CAPUCHINHO (*ilumina-o e, ao ver sua beleza, fica desconfiado*)

Mas...

ROXANA (*com vivacidade*)

"Post-scriptum:
E deveis dar cento e vinte dobrões
para o convento."

CAPUCHINHO

É um senhor distinto!

[A ROXANA.]

Conformai-vos, senhora.

ROXANA (*em tom de mártir*)

São razões!

[Enquanto RAGUENEAU abre a porta ao CAPUCHINHO e CRISTIANO o convida a entrar, ela diz baixo a CYRANO.]

Tens que deter De Guiche. Ele aí vem.

Não o deixe entrar enquanto...

CYRANO

Está bem.

Entendido!

ROXANA (*ao* CAPUCHINHO)

      Quanto tempo demora
o casamento?

CAPUCHINHO

      Um quarto de hora.

CYRANO (*que os empurra para dentro*)

  Entrem vocês, que eu fico aqui fora.

> [ROXANA puxa CRISTIANO pelo braço.
> Entram os três.]

DÉCIMA PRIMEIRA CENA

CYRANO.

CYRANO (*só*)
Bem. Que poderei fazer agora
pra que De Guiche perca um quarto de hora?

> [Sobe no banco, trepa pela parede
> em direção à sacada.]

Bem... Trepemos... Já tenho um plano em mente!

> [Ouve-se a música dos PAJENS,
> lúgubre.]

É um homem!

> [A música fica mais lúgubre.]

É um homem mesmo, minha gente!

> [Está na sacada, baixa a aba do
> chapéu, desembainha a espada,
> envolve-se na capa; debruça-se,
> olha em volta.]

Dá pra pular daqui. Pensei que era
mais alto.

> [Passa para um ramo da árvore ao
> lado da sacada, pronto para saltar.]

Vou agitar a atmosfera!

DÉCIMA SEGUNDA CENA

Cyrano, De Guiche.

De Guiche (*que entra mascarado tateando*)
Esse vil capuchinho, onde andará?
Cyrano (*livra uma das mãos, faz girar uma imaginária
fechadura*)
Cric! Crac!

[Solenemente.]

O sotaque de Bergerac!
De Guiche (*ao ver a casa*)
É ali a casa afinal
Com a máscara vejo mal.

[Dispõe-se a entrar. Cyrano salta da sacada agarrando-se a um ramo que verga. Finge tombar pesadamente como se viesse de grande altura. Fica imóvel como aturdido. De Guiche dá um salto para trás.]

Ei, que é isto?

[Ergue os olhos para a árvore. Não entende.]

Donde caiu este homem?
Cyrano (*com sotaque*)
Da lua!

De Guiche
  Da... ?

Cyrano (*como quem fala em sonho*)
   Que horas serão?

De Guiche
        O quê?
será doido?

Cyrano
   Que país? que estação?

De Guiche
 Mas...

Cyrano
  Estou tonto! Estou no ar ou na rua?

De Guiche
 Senhor!

Cyrano
   Eu caí! Caí do céu, da Lua!

De Guiche (*impaciente*)
 Faça o favor!

Cyrano (*com voz terrível*)
   Caí! Foi de repente!

De Guiche
 Sim, sim, da Lua! Deve ser maluco!

Cyrano
 E não caí metaforicamente!

De Guiche
 Mas...

Cyrano
  Faz cem anos ou faz um segundo?
Não se mede esse tempo pelo cuco.

DE GUICHE

Sim, está bem! Mas eu quero passar!

CYRANO

Seja sincero! Estou em que lugar?

DE GUICHE

Raios!

CYRANO

Como um raio exatamente!

Não sei de fato onde é que vim parar.

Em que estrela, em que sol, em que planeta?

Todos aqui têm essa cara preta?

DE GUICHE (*levando a mão ao rosto*)

Como?

CYRANO (*fingindo medo*)

Estarei na Argélia? És um indígena?

DE GUICHE (*que sentiu a máscara*)

Ah, a máscara!

CYRANO

Estou talvez em Gênova?

Em Veneza talvez... Algo me diz...

DE GUICHE

Escute, por favor, estou atrasado...

Uma senhora espera-me...

CYRANO

Paris!

Só pode ser Paris onde eu estou!

DE GUICHE (*sorri involuntariamente*)

Ele não deixa de ser engraçado!...

CYRANO

Ah, está rindo?

De Guiche

> Sim, mas por favor,
quero passar!

Cyrano

> Ah, é? Seu apressado...
Talvez deseje ir à Lua?... Há sete
maneiras de alcançar nosso satélite.

De Guiche

Sete?

Cyrano

> Veja a primeira: no arrebol,
molhar-se nu no orvalho matinal
e coberto com frascos de cristal
ser aspirado pelo próprio sol!

De Guiche (*dá um passo para* Cyrano)

Muito que bem! Já temos um!

Cyrano (*arrastando-o para o outro lado*)

> Podia,
também, pra conseguir o meu intento
fazer o vácuo num cofre de cedro
e, tendo retirado todo o vento,
usar espelhos em icosaedro!

De Guiche

Dois!

Cyrano

> Ou construir um gafanhoto
todo mecânico com molas de aço,
movido a pólvora e que assim pudesse
em explosões levar-me pelo espaço!

De Guiche (*contando nos dedos*)

Três!

CYRANO

 Ou utilizar-me da fumaça,
e encher com ela um globo de papel.
Como a fumaça sempre quer subir,
preso a esse globo, chegaria ao céu!

DE GUICHE

 Quatro!

CYRANO

 Num disco de ferro eu montaria
e lançaria um ímã que, do alto,
atrairia o disco. Lançaria
de novo o ímã, e assim de salto em salto,
à Lua e a outros planetas chegaria.

DE GUICHE (*estupefato*)

 Cinco!

CYRANO (*que o levou até o banco*)

 E com a força que a seta adquire
me faria lançar pelo arco-íris!

DE GUICHE

 Seis! É incrível como os concebeu!
E qual desses processos escolheu?

CYRANO

 O sétimo!

DE GUICHE

 Não diga!

CYRANO

 Pois me creia,
que é o melhor. É através do mar,
que a Lua atrai quando ela fica cheia!

DE GUICHE

 A maré?

CYRANO

Não, a Lua, seu cabeça de alguidar!

DE GUICHE (*irritado*)

O quê? Quereis acaso me insultar?

CYRANO

[Volta à sua voz.]

Só queria detê-lo por um tempo.
E esse tempo acaba de passar!

DE GUICHE

Reconheço essa voz! Algo me diz
que... és...

CYRANO

Reconhece este nariz?

DE GUICHE

[Abre-se a porta. Surgem lacaios
com candelabros acesos. Luz.
CYRANO tira o seu chapéu.]

Cyrano!

CYRANO

E eles acabam de casar!

DE GUICHE

Eles quem?

[Atrás dos lacaios caminham
ROXANA e CRISTIANO de mãos
dadas. O CAPUCHINHO os segue
sorrindo, RAGUENEAU traz também um archote. A AIA fecha o
cortejo, surpresa, em trajes de
dormir.]

Céus! Eu me deixei burlar!

DÉCIMA TERCEIRA CENA

Os mesmos, Roxana, Cristiano, o Capuchinho,
Ragueneau, Lacaio e Aia.

De Guiche (*a* Roxana)
Você?

[Com espanto reconhece Cristiano.]

Ele?

[Cumprimenta Roxana.]

Finíssima senhora!

[A Cyrano.]

Meus cumprimentos, meu caro inventor
de viagens à Lua! Desculpe agora
que atrás desse nariz há um escritor!
Você podia publicar um livro.
Cyrano
É um bom conselho. Eu vou seguir, senhor.
Capuchinho (*que apresenta o casal a* De Guiche)
Um belo par, por vós unido, filho!
De Guiche (*gelado*)
Sim!

[A Roxana.]

Do seu esposo se despeça, filha!

ROXANA
 Por quê?

DE GUICHE (*a* CRISTIANO)
   Agora o senhor se junta
ao regimento, que já está em marcha.

CRISTIANO
 Em marcha? Vou pra guerra?

DE GUICHE
     Que pergunta!

ROXANA
 Mas os cadetes não iam partir.

DE GUICHE
 Mas vão!

      [Tira um papel do bolso.]
  A ordem é esta. Vá levá-la,
barão. E bem depressa!

    [ROXANA segura CRISTIANO.]

CRISTIANO
   Devo ir!

DE GUICHE (*zombeteiro, a* CYRANO)
 É. A noite de núpcias vai tardar.

CYRANO (*para* si)
 E ele pensa que eu vou lamentar.

CRISTIANO (*a* ROXANA)
 Oh, deixa eu te beijar... mais uma vez.

CYRANO
 Vamos, vamos, já chega!

CRISTIANO (*ainda abraçado a* ROXANA)
    Ah, talvez
não saibas quão difícil é deixá-la.

CYRANO (*que tenta levá-lo*)
Eu sei!

[Rufam os tambores.]

DE GUICHE (*que subiu*)
O regimento parte!

ROXANA (*a* CYRANO)
Primo,
em ti confio! Que nenhuma bala
o atinja. Me prometes?

CYRANO
Não me animo
a prometer tal coisa... Tentarei.

ROXANA
Promete-me que ele será prudente!

CYRANO
Sim, sim, Roxana... O possível farei...

ROXANA
Que ele não sinta frio...

CYRANO
Infelizmente,
não posso tudo... A guerra é cruel...

ROXANA
Que ele seja fiel, seja correto...
e que me escreva sempre...

CYRANO
Isso eu prometo!

FIM
DO TERCEIRO ATO

QUARTO ATO

OS CADETES DA GASCONHA
(*Cerco de Arrás*)

O POSTO OCUPADO PELA companhia de Carbon de Castel-Jaloux, no cerco de Arrás.

Ao fundo, uma trincheira que atravessa a cena. Além, um horizonte de planície: o campo coberto com as obras do cerco. Muito longe, as muralhas de Arrás e a silhueta das casas contra o céu.

Tendas, armas espalhadas, tambores etc. Vai amanhecer. O horizonte se colore. Sentinelas afastadas. Fogueiras.

Envoltos em capotes, os cadetes da Gasconha dormem. Carbon de Castel-Jaloux e Le Bret velam, juntamente com as sentinelas. Estão todos muito pálidos e abatidos pela fome e o cansaço. Cristiano dorme entre os outros, coberto por uma capa, no primeiro plano. O clarão da fogueira ilumina-lhe o rosto.

Silêncio.

PRIMEIRA CENA

Cristiano, Carbon, Le Bret, os Cadetes, depois Cyrano.

Le Bret
  É horrível!
Carbon
        Sim. Nada mais.
Le Bret
              É o diabo!
Carbon (*sinal para que fale baixo*)
  Assim vai acordá-los, Le Bret...

                    [A um Cadete.]

              Durma!

                    [A Le Bret.]

  O sono alimenta.
Le Bret
          Que fome! Está brabo!

                [Ouvem-se tiros ao longe.]

Carbon
  Esses tiros vão acordar a turma
  aí!

                [Aos Cadetes que erguem a cabeça.]

  Meus filhos, tratem de dormir.

                [Tornam a deitar-se. Os tiros estão
                mais perto.]

175

UM CADETE (*que se agita*)

Que diabo!

CARBON

Não é nada. É Cyrano

que volta... de onde não devia ir!

[As cabeças voltam a se abaixar.]

UM SENTINELA (*fora*)

Com vinte mil demônios! Quem vem lá?

VOZ DE CYRANO

Quem poderia ser? O teu avô?

SENTINELA (*engatilha a arma*)

Homem ou demônio, fale!

CYRANO

Cyrano!

SENTINELA (*de cima da trincheira*)

Como é que é?

CYRANO (*que aparece*)

Bergerac, imbecil!

[LE BRET vai ao seu encontro.]

Graças a Deus! Como é, não se feriu?

CYRANO

Psiu!... Eles já estão habituados:

miram em mim e os tiros saem errados!

LE BRET

Mas é bastante louca essa mania

de arriscar a vida cada dia

por causa de uma carta!

CYRANO

Eu prometi

que ele escreveria muitas vezes.

[Olha-o.]

Dorme... Se ela soubesse dos reveses
por que ele passa... Mas sempre bonito!

LE BRET

Mas anda, vai dormir!

CYRANO

Não. Ouve isto:
para transpor as linhas espanholas
escolho sempre um ponto onde os cabolas
estão de porre! A guarda distraída...

LE BRET

Então devias nos trazer comida.

CYRANO

Comida? Como? Eles também não comem.
Se o cerco demorar, morrem de fome!

CARBON

Igual a nós? Me sinto envergonhado!
Impor um cerco e morrer esfomeado!

CYRANO

Seria agora a vez de outros cercarem
a eles... e famintos!...

LE BRET (*irritando-se*)

Engraçado!
Vai ser mais engraçado quando um dia,
por levar cartas, sejas baleado!

[Vendo que ele se encaminha para
uma tenda.]

Que vais fazer?

CYRANO

Escrever outra! Não é gozado?

[Entra na barraca. LE BRET faz um
gesto de ameaça.]

177

SEGUNDA CENA

Os mesmos, menos CYRANO.

CARBON (*num suspiro, vendo amanhecer e os* CADETES *se espreguiçarem*)
Termina o sono, pão de quem não come!
E o primeiro brado será...

UM CADETE
                      Que fome!

UM OUTRO
Eu morro!

TODOS
        Eu também!

CARBON
             De pé!

3º CADETE
                  Não tenho forças!

4º CADETE
Mal posso me mexer!

1º CADETE
             Qualquer esforço
eu desmaio!

                        [Mirando-se na couraça.]
De tão magro, mal me vejo!

UM OUTRO

Minha coroa por um naco de queijo!

2º CADETE (*avançando sobre outro*)

Que estás comendo?

CADETE

Que que você acha?

Estopa de canhão suja de graxa!

OUTRO CADETE

Venho do mato, acabo de caçar!

OUTROS

O que caçaste? — Um porco? — Um gavião?

Mostra, mostra! — Aqui! — Um pombo? — Um faisão?

CAÇADOR

Os companheiros não me levem a mal,

mas eu cacei apenas...

MUITOS

Um pardal!

TODOS (*desesperados*)

— Não aguento mais! — Isso é demais pra mim!

— Vamos nos revoltar!

CARBON

Deus, um motim!

Cyrano, Cyrano!

TERCEIRA CENA

Os mesmos, CYRANO.

CYRANO (*que sai da tenda calmamente, um livro na
mão, a pena atrás da orelha*)
                                    Aqui estou!
                              [A um CADETE que passa.]
  Por que andas assim, passo arrastado?
O CADETE
  É que tenho a barriga no solado!
  Estou com fome e a fome me adoece
CYRANO
  Eu também. Mas a fome me engrandece.
3° CADETE
  Minha barriga está oca, sinto dor!
CYRANO
  Então façamos dela um tambor!
2° CADETE
  Mas Richelieu uma hora dessa
  está comendo e bebendo à beça!
CYRANO (*cruzando os braços*)
  Chega aqui, Bertrandou, velho pastor.
  Toca pra eles tua flauta doce...

                        [O velho senta-se e prepara a flauta.]

Quero te ouvir tocar como se fosse
a voz da velha pátria que cantasse...

> [O velho começa a tocar.]

Ouçam, rapazes... como o canto nasce
deste bastão de ébano, gemendo fundo,
fundo, feito um homem
que gemesse de dor, mas não de fome,
a dor moral que não causa vergonha:
saudade da mulher que a gente ama,
do menino que fomos e nos chama
ainda, nas tardes da Gasconha...

> [Todas as cabeças se inclinam.
> Todos os olhos sonham e furtiva-
> mente enxugam-se lágrimas nas
> mangas e abas dos capotes.]

CARBON (*a* CYRANO, *baixo*)
Você os faz chorar!

CYRANO

> De nostalgia...

e não mais de fome! O sofrimento
mudou de víscera, tal como eu queria:
foi do estômago para o coração.

CARBON
Mas a ternura é um enfraquecimento.

CYRANO (*que faz sinal para que o tambor se aproxime*)
Vais ver como os heróis despertarão.
Basta...

> [Faz um gesto. O tambor rufa.]

TODOS (*levantando-se e correndo para as armas*)

Hein? O que é? O que acontece?

CYRANO

Vês? Adeus sonhos, adeus infância e amor!

O que com a flauta vem desaparece

no mesmo instante em que rufa o tambor!

UM CADETE (*olha para o fundo*)

Hum! — Olha! — Rum! — De Guiche vem aí!

CYRANO (*sorrindo*)

Parece lisonjeiro esse murmúrio.

UM CADETE

Engana-se!

OUTRO CADETE

De Guiche é só orgulho,

com sua gola de renda na armadura!

UM OUTRO

Era melhor que fosse uma atadura!

O PRIMEIRO

Sobrinho de seu tio!

O SEGUNDO

Um cortesão!

UM OUTRO

Mas de qualquer modo é um gascão.

O PRIMEIRO

É um falso gascão... porque, de fato,

todo gascão é louco e deve ser.

Eu desconfio de gascão sensato!

LE BRET

Ele está pálido.

UM OUTRO

Deve ter fome
como nós todos. Mas nele há de ter
cintilações de prata e outro nome...

> [Disfarçam. Põem-se a jogar da-
> dos sobre os tambores, no chão,
> sobre os capotes e acendem gran-
> des cachimbos. CYRANO abre um
> pequeno livro e, lendo-o, passeia
> de lá para cá. DE GUICHE entra.
> Todos têm o ar distraído e con-
> tente. Ele está muito pálido. Di-
> rige-se a CARBON.]

QUARTA CENA

Os mesmos, DE GUICHE.

DE GUICHE (*a* CARBON)
Bom-dia!

> [Observam-se os dois. À parte, com satisfação.]

       Só tem olhos!

CARBON
          Está verde!

DE GUICHE (*olhando os soldados*)
Essa é a turma, então, que se diverte
me difamando! Eu sei muito bem
do que falam. Sei que só têm desdém
pelo seu coronel! Sou intrigante,
um cortesão, nobre de falso brilho,
com sua gola de renda... Um arrogante!
Todo gascão tem que ser maltrapilho!...
Será isso?

> [Silêncio. Os CADETES jogam e fumam.]

       Ou os mando castigar
pelo seu capitão? É essa a razão?

CARBON
Sou livre e ninguém vai me mandar
infligir penas aos meus homens.

DE GUICHE

Não?

CARBON

A minha companhia, eu a paguei.
Ordens de guerra, sim, acatarei.

DE GUICHE

Caramba! Não preciso ouvir mais nada!

[Aos soldados.]

E posso rir de vossa valentia,
senhores, pois a minha está provada.
Ainda ontem Bucquoi fugia
das minhas investidas, em Bapaume.

CYRANO (*sem erguer o nariz do livro*)

Pensei que isso tinha um outro nome...
E o seu lenço branco?

DE GUICHE (*surpreendido*)

Então conhece
esse detalhe?... Foi quando eu corria
para juntar-me a minhas tropas... Nesse
momento fui cercado e então deixei
cair o lenço que indica o posto
que ocupo e desse modo me livrei
do cerco. E ainda lhes fiz provar o gosto
de uma derrota, pois eu me juntei
aos meus e novamente os ataquei.
Que tal o truque?

CYRANO

Coronel, eu acho
que um comandante, ainda que cercado,
jamais deve abrir mão de seu penacho.

> [Alegria silenciosa. As cartas baixam.
> Os dados rolam. O fumo sobe.]

DE GUICHE

Mas a verdade é que deu resultado!

> [A mesma expectativa suspende os
> jogos e os cachimbos.]

CYRANO

Talvez... Mas um gascão não abdica
da honra de ser alvo.

> [Cartas, dados, fumo, caem, rolam,
> soltam-se com crescente satisfa-
> ção.]

Se estivesse
lá, na hora, o lenço eu juntaria
e no meu peito o colocaria.

DE GUICHE

Ah, é? Pois isso apenas me parece
uma fanfarronada de gascão!

CYRANO

Fanfarronada? Basta me emprestá-lo
e me ofereço para, inda esta noite,
em um assalto, em meu peito levá-lo.

DE GUICHE

Oferta de gascão! Sabe que o lenço
ficou lá onde o tiroteio intenso
se deu. Ninguém irá recuperá-lo.

CYRANO (*tirando o lenço da algibeira e entregando-o a* DE
GUICHE)

Ei-lo aqui!

> [Silêncio. Os CADETES abafam os
> risos nas cartas e copos de dados.
> DE GUICHE volta-se, olha-os; de

imediato eles se tornam sérios,
jogam; um deles assobia com
indiferença a ária tocada pela
flauta.]

DE GUICHE (*pegando o lenço*)
Obrigado. Vou com ele
fazer um aceno que hesitava em dar.

[Sobe na barricada e agita o lenço
várias vezes.]

TODOS
Hein?

A SENTINELA (*no alto da barricada*)
Um homem! Ele corre para lá!

DE GUICHE (*descendo*)
É um falso espião dos espanhóis
que nos ajuda, levando ao inimigo
informações que recebe de nós,
para influir em suas decisões.

CYRANO
É um traidor!

DE GUICHE
E cômodo demais.
O que eu dizia? Sim... Aquela noite,
num gesto audaz pra nos reabastecer,
o marechal seguiu para Dordens
e a qualquer hora poderá volver.
Por isso teve que levar consigo
parte das tropas. E se o inimigo
nos atacar, não sei como vai ser.

CARBON
Se eles souberem nos atacarão.

DE GUICHE
Pois eles sabem!

CARBON
É?

DE GUICHE
Meu espião
avisou-me. E me disse pra eu marcar
o ponto em que eles devem atacar.
Eu fiquei de marcar, bem entendido,
o ponto que estiver mais guarnecido.
Lhe disse: o ponto donde eu acenar.

CARBON (*aos* CADETES)
Senhores, tratem de se preparar!

[Todos se levantam. Ruído de espadas e de cinturões que se afivelam.]

DE GUICHE
Eles vão atacar em uma hora.

1º CADETE
Ah, bom!

[Voltam todos a se sentar e a jogar.]

DE GUICHE (*a* CARBON)
Acho melhor agir agora.
Têm que ganhar tempo. O marechal
não deve tardar muito a regressar.

CARBON
Ganhar tempo? Que quer insinuar?

DE GUICHE
Que vocês devem se deixar matar.

CARBON
Então é uma vingança que tramou?

DE GUICHE
Se vocês fossem os meus preferidos,
decerto não seriam os escolhidos.
Mas são muito valentes, eu bem sei.
Reconhecê-lo não é nenhum favor.
Ao escolhê-los eu sirvo a meu Rei
e sirvo, ao mesmo tempo, a meu rancor!
CYRANO (*saudando-o*)
Pois eu lhe digo: estou agradecido!
DE GUICHE (*saudando-o*)
Se gosta de sozinho enfrentar cem,
nova oportunidade agora tem!

[Sobe com CARBON.]

CYRANO (*aos* CADETES)
Vamos acrescentar a este brasão

[Mostra o brasão.]

a cor vermelha do sangue gascão!

[A CRISTIANO que permaneceu de
braços cruzados. Pondo-lhe a mão
no ombro.]

Cristiano!
CRISTIANO (*sacudindo a cabeça*)
Roxana!
CYRANO
Ai de mim!
CRISTIANO
Gostaria de pôr meu coração
inteiro numa carta a ela. Enfim,
a hora chega!
CYRANO
Essa decisão
eu tomei: escrevi a despedida.

CRISTIANO
　Mostra-me.

CYRANO
　　　　　Queres?

CRISTIANO
　　　　　　　Sim.

　　　　　　　　　　　　[Abre a carta e detém-se.]
　　　　　　　Veja.

CYRANO
　　　　　　　O quê?

CRISTIANO
　Esta mancha. É uma lágrima?

CYRANO
　　　　　　　É.
　O poeta se envolve no que escreve.
　Comovido, chorei ao escrever.

CRISTIANO
　Choraste?

CYRANO
　　　　　Sim... porque... se é terrível
　morrer, não vê-la mais é ainda mais horrível,
　porque enfim eu não a...

CRISTIANO
　　　　　　　nós não...

CYRANO
　　　　　　　　tu não...

CRISTIANO (*toma-lhe a carta*)
　Dá-me essa carta.

　　　　　　[Ouve-se rumor ao longo no acam-
　　　　　　pamento.]
　　　　　Que agitação é essa?

VOZ DA SENTINELA
Nossa mãe! Quem vem lá?

CARBON

Mas o que há?

SENTINELA
É um coche que vem nesta direção!

[Correm todos para ver.]

O quê? — No campo? — E entra? — Atirem! Não!
— O cocheiro gritou! — O quê? — Não sei!
— Ele gritou: É da parte do Rei!

[Todos olham. As campainhas soam mais fortes.]

CYRANO
O quê? Do Rei?

CARBON

Sim, tirem seus chapéus!

[O coche entra a trote largo. Vem coberto de poeira e lama. As cortinas cerradas. Atrás, vêm dois lacaios. Para de repente.]

CARBON (*gritando*)
Marcha batida!

[Rufam os tambores. Os CADETES se descobrem.]

Abaixem os estribos!

[Correm dois homens. Abre-se a portinhola.]

ROXANA (*descendo do coche*)
Bom-dia, oh, caros amigos meus!

[O som de uma voz feminina anima subitamente toda aquela gente profundamente abatida. Surpresa.]

QUINTA CENA

Os mesmos. ROXANA.

CARBON
  Da parte do Rei, a senhora?
ROXANA
                                Sim,
  do Rei do amor!
CYRANO
                      Ah, Deus abençoado!
CRISTIANO (*correndo para ela*)
  Você aqui?!
ROXANA
                Estava demorado
  demais este cerco de Arrás!
CRISTIANO
                                Por que
  vieste?
ROXANA
          Já te digo!
CYRANO (*que ficou imóvel*)
                        Olharei
  para ela?

CARBON
>Não poderá ficar.

ROXANA
Sim, sim. Mas posso ao menos me sentar?
>>[Senta num tambor que lhe trazem.]
Muito obrigada!
>>>[Ri.]
>Ah, fizeram fogo
contra meu coche!
>>[Muito orgulhosa.]
>Parecia um jogo
ou um conto infantil!
>>[Envia um beijo a CRISTIANO.]
>Muito bom-dia!
>>[Olha em volta.]
Parecem tristes!...
>>[Vendo CYRANO.]
>Primo, que alegria!

CYRANO (*avançando*)
Mas como foi...

ROXANA
>Que eu encontrei vocês?
Não foi difícil. Simplesmente andei
enquanto vi devastação!
Pior não pode ser! Esse é o papel do Rei?
Estou certa que o meu é bem melhor!

CYRANO
Mas, diga, como conseguiu passar?

ROXANA
Por onde? Entre os espanhóis, senhor!
>>>[Ri.]

1º CADETE

Oh, as mulheres! Sabem se virar!

CARBON

E como atravessaste as suas linhas?

LE BRET

Fácil não foi!

ROXANA

Logo se adivinha...
Como enganar um espanhol galante?
Quando qualquer um deles me detinha,
eu dizia: "Vou ver o meu amante!"

CRISTIANO

Roxana, isso são modos de falar...

ROXANA

Eu sei... Mas se dissesse "meu marido"
eles não iam me deixar passar!

CRISTIANO (*embaraçado*)

Mas... ?

ROXANA

Que tens tu?

CARBON (*o mesmo*)

Vai ter que se afastar
daqui, senhora!

ROXANA

Eu?

CYRANO (*o mesmo*)

E bem depressa!

LE BRET

Imediatamente!

CYRANO

    É que começa
em menos de uma hora...

CARBON (*o mesmo*)

    E pode ser
arriscado...

ROXANA

    Fico. Vão combater.

TODOS

Não!

ROXANA

Ele é meu marido!

    [Joga-se nos braços de CRISTIANO.]
Devo morrer
também se for o caso!

CRISTIANO

    Mas que tens no olhar?

ROXANA

Já te direi... Por mim está decidido!
Estarei louca? Daqui não sairei.
Porque, além do mais, é divertido!

CYRANO

E vejam só! A moça é uma heroína?

ROXANA

Tenho de quem herdar: sou sua prima!

UM CADETE

Nós a defenderemos, senhorita!

ROXANA

Aceito!

OUTRO CADETE

A guerra agora vai ser mais bonita!

CARBON (*depois de ter, como os outros, batido o chapéu, endireitado a pluma, puxado os punhos, dirige-se a* ROXANA *cerimoniosamente*)

Senhora, talvez queira conhecer
alguns destes senhores que vão ter
a honra de morrer à sua vista.

> [ROXANA inclina-se e aguarda de pé, de braço com CRISTIANO.]

Barão de Peyrescous de Colignac!

> [O CADETE faz uma saudação.]

Barão de Casterac de Cahuzac
— Vidame — De Malgouyre Estressac
— Lésbas d'Escarabiot e cavaleiro
d'Antignac — Juzet — Barão Hillot
— De Blagnac — Salechan de Castel
— Cabrioules...

ROXANA

Todos barões!
E quantos nomes usam?

BARÃO HILLOT

Multidões!

CARBON (*a* ROXANA)

Podia, por favor, abrir a mão
com que segura o lenço de renda?

> [ROXANA abre a mão, o lenço cai.]

Para quê?

> [Toda a companhia faz menção de apanhá-lo.]

É que faltava um pavilhão,
um estandarte a nossa companhia.
E o outro mais lindo não conseguiria!
ROXANA (*sorrindo*)
É tão pequeno!
CARBON (*atando o lenço à sua lança de capitão*)
Em compensação
ele é feito de renda e poesia!

SEXTA CENA

CRISTIANO, ROXANA, CARBON,
CYRANO, RAGUENEAU.

CRISTIANO (*suplicando*)
Roxana!
ROXANA
Não! Já disse!
1° CADETE
A moça fica!
TODOS (*correndo, empurrando-se, compondo-se*)
Um pente — Um sabonete! — Meu blusão
está roto! — Uma agulha! — O meu espelho?
— Essa navalha aqui! — Meu cinturão?
ROXANA (*a* CYRANO *que ainda lhe suplica*)
Não! Ninguém me fará sair daqui!
UM CADETE (*aludindo a* ROXANA)
Ah, se eu comesse uma noz que fosse,
me mataria por esse olhar tão doce...
CARBON (*expulsando-o*)
Falar em fome quando uma mulher
bonita!...

ROXANA

Sim, eu também tenho fome.

Sabe o que eu gostaria de comer?

Empadas, carnes frias, vinhos finos...

Se puderes servir-me tudo isso...

UM CADETE

Nós, aqui? Nem um naco de chouriço!

OUTRO CADETE

Meu Deus! Onde o podemos encontrar?

ROXANA (*tranquilamente*)

No meu coche!...

TODOS

O quê?

ROXANA

Mas vai ter que servir.

Olhem o meu cocheiro, por favor!

É um mestre precioso. E ele quis vir!

Trouxe molhos e tudo...

TODOS

É Ragueneau!

[Aclamações.]

CYRANO

Boa fada!

RAGUENEAU (*de pé sobre um banco*)

Senhores!

CADETES (*aplaudindo*)

Está mais moço!

RAGUENEAU

Enquanto os espanhóis viam a beleza
dela, não viam nosso farto almoço!

[Aplausos.]

CYRANO (*baixo, a* CRISTIANO)

Hum! Hum! Ô Cristiano!

RAGUENEAU (*agitando um pedaço de carne*)

Que lindeza!

[Aplausos. O empadão passa de
mão em mão.]

CYRANO (*baixo, a* CRISTIANO)

Uma palavra só...

RAGUENEAU (*erguendo um prato*)

Um empadão!

CYRANO

Queria te dizer...

ROXANA (*aos* CADETES *que carregam víveres*)

Ponham no chão.

[Põe a mesa sobre a relva ajudada
por dois lacaios que vieram no
coche.]

ROXANA (*a* CRISTIANO, *no momento em que* CYRANO *ia falar-lhe*)

Oi, faz alguma coisa!

[CRISTIANO vai ajudá-la. CYRANO
inquieto.]

RAGUENEAU

Isto é faisão

recheado!

UM CADETE (*que pega uma garrafa*)

E isto é vinho tinto!

OUTRO (*com outra garrafa*)

O vinho branco é muito mais distinto!

ROXANA (*atirando uma toalha na cara de* CYRANO)

Estende essa toalha!... e bem depressa!

RAGUENEAU (*brandindo uma lanterna*)

Cada uma delas era uma dispensa!

CYRANO (*baixo a* CRISTIANO)

Escuta... Antes que com ela fales...

RAGUENEAU (*mostrando*)

O cabo do chicote é um salsichão do Arles!

> [ROXANA serve o vinho nos copos. Azáfama dos CADETES que se servem.]

CYRANO (*carregando uma pilha de pratos*)

Adoro-a!

ROXANA (*a* CRISTIANO)

E tu?

CRISTIANO

Nada.

ROXANA

Sim! Um biscoito
em moscatel!

CRISTIANO (*tentando retê-la*)

Vai, diz por que vieste!

ROXANA

Digo depois. Pertenço agora a estes
infelizes!

LE BRET (*que se dirigiu ao fundo para dar à sentinela um pão na ponta de uma lança*)

De Guiche!

CYRANO

Vá, depressa!

ocultem as garrafas, as travessas!

E disfarcemos!

[A RAGUENEAU.]

Sobe no teu banco!

Está tudo escondido?... Um riso franco...

[Finge que sorri.]
[Rapidamente tudo foi ocultado nas barracas, nas fardas, nos capotes, nos chapéus. DE GUICHE entra com vivacidade e para de repente farejando o ar. Silêncio.]

SÉTIMA CENA

Os mesmos, DE GUICHE.

DE GUICHE
Que cheiro bom!
UM CADETE (*cantarolando desafinado*)
Tró... ló ló ló...
DE GUICHE (*cheirando*)
Assado?

[AO CADETE.]

Que tens? Por que está assim corado?
CADETE
Eu? Qual! É o sangue... a luta... a emoção!
OUTRO
Pum!... Pum!... Pum!... Pum!...
DE GUICHE (*voltando-se*)
Que isso?
CADETE (*ligeiramente bêbado*)
Uma canção!
DE GUICHE
Estás alegre!
OUTRO
Oh! Nada o abate!
CADETE
É a expectativa do combate!

DE GUICHE (*chamando* CARBON *para dar uma ordem*)
Capitão! Eu...

[Para ao vê-lo.]

Também tens boa cara!

CARBON (*ocultando uma garrafa atrás das costas*)
Oh!

DE GUICHE
Pois bem. Mandei vir um canhão para
ficar ali.

[Aponta os bastidores.]

Tendo necessidade
seus homens podem usá-lo à vontade.

UM CADETE (*cambaleando*)
Não me diga! Gostei dessa atitude!

OUTRO (*sorrindo*)
Está nos tratando com solicitude!

DE GUICHE
Estão malucos ou embriagados?

[Secamente.]

Como sei que não estão habituados
com o canhão, devo chamar a sua
atenção para o recuo.

1º CADETE

Pfff!

DE GUICHE

Mas!

UM CADETE
O canhão dos gascões nunca recua!

DE GUICHE (*sacudindo-o*)
Com o que te embriagaste, petulante?

CADETE (*soberbo*)
Com o cheiro da pólvora, comandante!
DE GUICHE (*encolhe os ombros, empurra-o e dirige-se rapidamente a* ROXANA)
Depressa, peço-lhe, minha senhora,
que se decida!
ROXANA
           Fico!
DE GUICHE
             Fuja agora!
ROXANA
Não fujo!
DE GUICHE
       Não? Deem-me um mosquete então!
CARBON
Como?
DE GUICHE
      Retirar-me seria covardia!
CYRANO
Ora vejam! A mais pura galhardia!
1º CADETE
Apesar de usar rendas é um gascão?
ROXANA
Ora!
DE GUICHE
     Não abandono uma senhora
em perigo!
2º CADETE
       Ouviu? Acho que ele agora
merece comer!

> [As comidas e bebidas surgem como por encanto.]

DE GUICHE (*cujos olhos brilham*)
Víveres!

3º CADETE

Por obra
e graça, surgem assim tão de repente!

DE GUICHE
Muito obrigado, não aceito a sobra
de vocês!

CYRANO (*saudando-o*)
Mas que gesto surpreendente!

DE GUICHE (*orgulhosamente*)
Vou bater-me em "jijum"! Espero o ataque!

1º CADETE (*exultante de alegria*)
Ele disse "jijum"! Tem o sotaque!

DE GUICHE (*rindo*)
Eu?

CADETE
É um dos nossos!

[Começam todos a dançar.]

CARBON (*que desaparecera momentos antes
por trás da barricada, reaparece*)
Já os pus em ordem. São bons companheiros.

[Aponta uma fila de lanças que surge
por trás da barricada.]

Convido-a para em minha companhia
passar revista aos nossos lanceiros.

[Ela aceita. Sobem a barricada.
Todos se descobrem e os seguem.]

CRISTIANO (*dirigindo-se com vivacidade*)
Fala depressa!

> [No momento em que ROXANA
> aparece na barricada, as lanças
> desaparecem descidas em saudação.
> Ouve-se um grito. Ela se inclina.]

Que segredo é esse?

CYRANO

No caso de Roxana...

CRISTIANO

Sim.

CYRANO

... te falar

nas cartas...

CRISTIANO

Ahn!

CYRANO

Não deves demonstrar

surpresa...

CRISTIANO

De quê? Hein? Fala depressa!

CYRANO

Enviaste-lhe mais cartas do que pensas.

CRISTIANO

O quê?

CYRANO

Sim, eu as fiz. Interpretei

teus sentimentos...

CRISTIANO

E para as mandar?

O que fizeste se estamos cercados?

CYRANO

À noite era possível atravessar...

CRISTIANO
Muito simples!... Sucede que eu não sei
quantas cartas escrevi — duas? três?
CYRANO
Mais.
CRISTIANO
E todos os dias?
CYRANO
Todos os dias.
Duas vezes por dia.
CRISTIANO (*com violência*)
E com a embriaguez
que te fazia enfrentar a morte!...
CYRANO (*vendo que* ROXANA *se aproxima*)
Diante dela, não!... Eu tive sorte...

[Entra apressado na sua tenda.]

OITAVA CENA

ROXANA, CRISTIANO; ao fundo os CADETES
andam de cá para lá. CARBON dá ordens.

ROXANA (*correndo para* CRISTIANO)
Agora, sim... meu bem!
CRISTIANO (*tomando-lhe as mãos*)
Diz-me agora: por que tanto perigo
enfrentaste para encontrar comigo?
ROXANA
Por tuas cartas!
CRISTIANO
                    O que estás dizendo?
ROXANA
Pois é. A culpa é tua! Por aquelas
cartas que recebi, sempre tão belas!
CRISTIANO
Por umas simples cartinhas de amor?
ROXANA
Ouve!... Passei a amar-te muito mais
depois daquela noite quando abriste
teu coração e ouvi tua alma... Mas
as tuas cartas foram além. De triste
que estava, renasci. E disse a mim:

"Vai encontrá-lo! Nada mais existe
a não ser seu amor." Por isso vim.

CRISTIANO

Mas...

ROXANA

Em cada palavra percebia
quanto este amor é forte e é sincero!

CRISTIANO

Forte e sincero! Isso percebeste?

ROXANA

Oh, sim! Está tão claro!

CRISTIANO

E aí vieste?

ROXANA

Vim pra pedir o teu perdão.

CRISTIANO

Perdão?

ROXANA

Por ter te amado por tua beleza
e não por tua alma!

CRISTIANO

Tens certeza?

ROXANA

Claro. Mais tarde amei-te pelas duas...
Mas depois entendi, graças às tuas
cartas, que é por tua alma que te amo!

CRISTIANO

Ah, Roxana!

ROXANA

Fica feliz, pois ela

apaga em seu fulgor tua figura...
Tua beleza, já nem reparo nela!

CRISTIANO
Eu não quero esse amor!

ROXANA
Mais elevado
modo de amar não há!

CRISTIANO
Era melhor
como antes!

ROXANA
Ah, nunca foste amado
tanto por mim!

CRISTIANO
Cala-te por favor!

ROXANA
Amar-te-ia, mesmo que um feitiço
te enfeiasse.

CRISTIANO
Oh, não digas isso!

ROXANA
Digo, sim! Digo sem receio.
É a pura verdade.

CRISTIANO
Mesmo feio?

ROXANA
Sim, mesmo feio. Juro!

CRISTIANO (*voz sufocada*)
Sei...

ROXANA

                    Que sentes?

   Estás feliz, não estás?

CRISTIANO (*repelindo-a docemente*)

                    Aquela gente

   necessita de ti...

ROXANA (*enternecida*)

          Eu voltarei...

> [Sobe em direção aos CADETES que respeitosamente se agrupam em torno dela.]

NONA CENA

CRISTIANO, CYRANO; ao fundo ROXANA
conversa com CARBON e alguns CADETES.

CRISTIANO (*chamando junto à tenda*)
Cyrano!
CYRANO (*saindo armado para a batalha*)
Estás pálido! Que houve?
CRISTIANO
Ela já não me ama! É a você
que ela ama.
CYRANO
Para com isso. Ouve...
CRISTIANO
Ela disse que ama a minha alma!
CYRANO
Não! Espera um pouco, Cristiano, calma...
CRISTIANO
E você também a ama!
CYRANO
Eu não!
CRISTIANO
Ama, sim! E não a ama pouco!
CYRANO
Eu?

CRISTIANO
Sim, você. E a ama como um louco.

CYRANO
Mais talvez! Muito mais!

CRISTIANO
Diz a ela, então!

CYRANO
Eu jamais o direi! Tenho receio!

CRISTIANO
De quê?

CYRANO
De quê! Olha minha feição!

CRISTIANO
Ela me amaria mesmo feio!
Foi o que ela me disse.

CYRANO
Ela te disse?

CRISTIANO
Ela me disse!

CYRANO
Ah, como é bom ouvi-lo!
Mas vá! Não acredites em tolice!
Estou feliz, sim. Mas fica tranquilo
e não vai te tornar feio de lascar,
porque aí mesmo é que ela vai me amar!

CRISTIANO
Isso é o que vamos ver!

CYRANO
Por favor, não!

CRISTIANO
Conta-lhe tudo.

CYRANO

Não! Faz muito mal
em me tentar!

CRISTIANO

É que já estou cansado
de carregar comigo o meu rival.

CYRANO

Cristiano! Não!

CRISTIANO

E nosso casamento,
por ilegal, pode ser anulado...
Vai! Fala! E que ela escolha um de nós dois!

[Afasta-se.]

CYRANO

Será você!

CRISTIANO

Melhor!... Volto depois...

[Chama.]

Roxana!

ROXANA (*vindo*)

O que é? Quem me chamou?

CRISTIANO

Ele quer te falar.

ROXANA

Quem?

CRISTIANO

Cyrano.

[Ela se dirige para CYRANO.
CRISTIANO sai.]

DÉCIMA CENA

Roxana, Cyrano, depois Le Bret,
Carbon de Castel-Jaloux,
os Cadetes, Ragueneau etc.

Roxana
   Quer me falar?
Cyrano (*transtornado, referindo-se a* Cristiano)
               Eh, e foi-se embora!

                                            [A Roxana.]

   Nada, Roxana... Cristiano agora
   está se preocupando com tolice!
Roxana
   Deve ter sido pelo que eu lhe disse...
   Não sei ao certo se ele acreditou.
Cyrano (*tomando-lhe a mão*)
   E o que disseste a ele é a verdade?
Roxana
   Que o amaria, mesmo... Cyrano!...

                                            [Hesita.]

Cyrano
   Complete a frase, não tenha receio.
Roxana
   É que...

CYRANO
  Que o amaria... mesmo feio?

ROXANA
 Sim, mesmo feio...

           [Ouvem-se tiros.]

     Oh, a fuzilaria!

CYRANO
 Mesmo que fosse horrível, monstruoso?

ROXANA
 É, mesmo monstruoso, o amaria.

CYRANO
 E se fosse grotesco?

ROXANA
     O que o faria

grotesco?

CYRANO
  E ainda assim seu precioso

amor teria?

ROXANA
   Mais eu lhe daria!

CYRANO (*à parte, enlouquecido*)
 Deus! É a felicidade a meu alcance!

         [A ROXANA.]

 Ouve, Roxana... eu...

LE BRET (*entra rapidamente, chama* CYRANO, *baixinho*)
    Ô, Cyrano!

CYRANO
 Hein?

      [LE BRET lhe segreda algo no
      ouvido.]

CYRANO

Ah!...

ROXANA

Que tens, hein?

CYRANO (*para si mesmo*)

Oh, tudo acabou!

[Novas detonações.]

ROXANA

Que há? Temor de que o inimigo avance?

[Sobe para olhar para fora.]

CYRANO

Não poderei dizer-lhe nunca mais!

ROXANA

O que se passa?

CYRANO

Nada!

ROXANA

O que faz

aquele grupo ali?

CYRANO

Que pode ser?...

Deixa pra lá!

ROXANA

Que ias me dizer?

CYRANO

Eu? Não. Não era nada... Algum engano...

[Solene.]

Juro que Cristiano era... é...

ROXANA

Era?

[Gritando.]

Oh, Deus!

[Precipita-se afastando a todos.]

CYRANO

Acabou-se!

ROXANA

Cristiano!

LE BRET (*a* CYRANO)

Logo ao primeiro tiro! Que azar!

[ROXANA atira-se sobre o corpo de CRISTIANO. Novos tiros. Bater de espadas. Ruídos. Tambores.]

CARBON

É o ataque deles! Vamos revidar!

A postos!

ROXANA

Cristiano!

CARBON

Sem demora!

ROXANA

Meu Cristiano!

CARBON

Em linha! Vá, agora!

Carregar!

[RAGUENEAU corre trazendo água num capacete.]

CRISTIANO (*moribundo*)

Meu amor!

CYRANO (*baixo ao ouvido de* CRISTIANO *enquanto* ROXANA *molha na água um pano*)

Conta-lhe tudo. Ela te ama ainda, podes crer!

[CRISTIANO fecha os olhos.]

ROXANA
Meu amor!
CARBON
Preparar!
ROXANA (*a* CYRANO)
Ele está mudo.
Terá morrido? Não, não pode ser!
CARBON
Apontar!
ROXANA
Uma carta.

[Abre-a.]

É para mim!
CYRANO (*à parte*)
A minha carta!
CARBON
Fogo!

[Fuzilaria. Gritos. Fragor de batalha.]
CYRANO (*sem soltar a mão de* ROXANA)
É perigoso,
Roxana, estar aqui!
ROXANA
Ai, é o fim!
Ele morreu! Um homem incomparável!
CYRANO
É verdade...
ROXANA
Um talento admirável
de poeta!
CYRANO
Era sim!

ROXANA

Ser adorável,
uma alma sublime e encantadora...

CYRANO

Ele era bom!

ROXANA

E que, no entanto, agora
está morto!

[Joga-se sobre CRISTIANO.]

CYRANO (*à parte, tirando a espada*)

Só me resta morrer
pois é por mim, de fato, que ela chora!

[Trombetas ao longe.]

ROXANA

Na carta há lágrimas, há sangue!

UMA VOZ (*fora*)

Rendei-vos!

VOZES DOS CADETES

Não!

RAGUENEAU (*que subiu no coche e vê a batalha por cima da barreira*)

O perigo aumenta!

CYRANO (*a* LE BRET)

Vou lutar.

Leva Roxana!

ROXANA (*beijando a carta*)

É o seu sangue aqui!

RAGUENEAU

Ela desmaia, oh, Deus!

UMA VOZ (*fora*)

Devem baixar

as armas!

VOZES DOS CADETES

Não!

CYRANO (*a* LE BRET, *exasperado*)

Tens que tirar

Roxana disto aqui!

[LE BRET toma ROXANA nos braços.]

Adeus, Roxana!

[Tumulto. Brados. CADETES voltam
feridos e vêm cair em cena. CYRANO
ao correr para o combate é detido
por CARBON ensanguentado.]

CARBON

Eles vencem! Estou muito ferido!

CYRANO (*gritando aos* GASCÕES)

Coragem, fanfarrões! É divertido!

[A CARBON, amparando-o.]

Deixa comigo! A dois eu vou vingar:

a Cristiano e a meu amor perdido!

[Descem. CYRANO brande a lança
onde está o lenço de ROXANA.]

CYRANO

À imagem dela, o pequeno estandarte.

[Crava a lança na terra, grita aos
CADETES.]

Toumbé déssous! Escrasas lous!

[À flauta.]

Música! Pra ternura nunca é tarde...

[A flauta toca. Os feridos voltam a
se erguer. Os CADETES correm e
vêm juntar-se em torno de CYRANO

> e de seu pequeno estandarte. O coche se enche de homens, armados de arcabuzes. É um reduto.]

UM CADETE (*que aparece aos recuos na trincheira e, lutando, grita*)

Eles estão subindo!

> [Cai morto.]

CYRANO

Os nossos cumprimentos!

> [A barreira coroa-se com uma fila de inimigos. Os grandes estandartes dos imperiais se levantam.]

Fogo!

> [Descarga geral.]

VOZ (*nas fileiras inimigas*)

Fogo!

> [Resposta mortal. Os CADETES caem de todos os lados.]

OFICIAL ESPANHOL (*tirando o chapéu*)

Quem sois? Por que o intento
de vos deixar matar tão loucamente?

CYRANO (*de pé, recitando entre os tiros*)

Estes são os cadetes da Gasconha
De Carbon de Castel-Jaloux,
rufiões e mentirosos sem-vergonha.

> [Arranca seguido por alguns sobreviventes.]

Estes são os cadetes...

> [O resto perde-se na batalha.]

FIM

DO QUARTO ATO

QUINTO ATO

O INFORMATIVO DE CYRANO

Quinze anos depois — em 1655. Parque do convento que as Damas da Cruz ocupavam em Paris.

Lindas sombras de arvoredo. À esquerda a casa, com vasta escadaria para a qual se abrem muitas portas. Uma árvore enorme no meio da cena, no centro de uma pequena praça oval. À direita, no primeiro plano, um banco de pedra semicircular.

Todo o fundo do palco é atravessado por uma aleia de castanheiros, que conduz, à direita, no quarto plano, à porta de uma capela, que se avista entre os ramos. Através do plano duplo de árvores da aleia, veem-se trechos de relva, outras aleias, a extensão do parque e o céu.

A capela tem uma porta lateral que dá para um peristilo engrinaldado por uma videira de uvas negras e que vem perder-se à direita, no primeiro plano, por detrás dos arbustos.

É outono. As folhas amarelecem sobre os canteiros de relva fresca. Debaixo de cada árvore um tapete de folhas amarelas. Toda a cena está juncada de folhas secas, que cobrem parte da escadaria e dos bancos.

Entre o banco da direita e a árvore, um grande bastidor de bordar com uma cadeira posta à sua frente. Cestos cheios de meadas e novelos. Um bordado começado.

Ao erguer-se o pano, as freiras passeiam no parque; algumas estão sentadas no banco, em torno de uma religiosa de mais idade. As folhas caem.

PRIMEIRA CENA

MADRE MARGARIDA, IRMÃ MARTA,
IRMÃ CLARA, as IRMÃS.

IRMÃ MARTA (*à* MADRE MARGARIDA)
A Irmã Clara ajeitava o penteado
diante do espelho.
MADRE (*à* IRMÃ CLARA)
              Oh, isso é pecado!
IRMÃ CLARA
Mas a Irmã Marta comeu do recheio
da torta, eu vi.
MADRE (*à* IRMÃ MARTA)
          Isso também é feio!
IRMÃ CLARA
Foi só uma olhada!
IRMÃ MARTA
            E uma beliscada!
MADRE (*severamente*)
Vou contar tudo ao senhor Cyrano!
IRMÃ CLARA
Não, madre, ele vai troçar de mim!
IRMÃ MARTA
E vai pensar quanto gulosa eu sou!

MADRE (*sorrindo*)
E são muito bondosas, mesmo assim!

IRMÃ CLARA
Não é verdade, madre Margarida,
que ele vem todo sábado há dez anos?

MADRE
Desde que a prima preferiu a vida
claustral para esquecer os desenganos,
ele aqui vem religiosamente
isso já vai para quatorze anos.

IRMÃ MARTA
Desde que ela aqui vive, ele, somente,
consegue dar-lhe um pouco de alegria.

TODAS AS IRMÃS
Ele é engraçado! — É uma simpatia!
— É um prazer dar-lhe os doces que fazemos!

IRMÃ MARTA
Só não é lá muito religioso...

IRMÃ CLARA
Pode deixar. Inda o converteremos!

IRMÃ MARTA
Sim, sim!

MADRE
Eu as proíbo! É perigoso
atormentá-lo. Ele viria menos
talvez.

IRMÃ MARTA
      Mas... Deus...

MADRE
          Não. Isso é de somenos
para o Senhor, que o conhece bem.

IRMÃ MARTA
Ele, todas as vezes que aqui vem,
diz: "Ontem comi carne." E orgulhoso!

MADRE
Então, se ele diz isso, o último dia
que veio, há algum tempo não comia!

IRMÃ MARTA
Nossa Mãe!

MADRE
Ele é pobre, coitadinho!

IRMÃ MARTA
E quem vos disse?

MADRE
O senhor Le Bret.

IRMÃ MARTA
Por que não o ajudam um pouquinho?

MADRE
Ficaria zangado como quê!

[Numa aleia ao fundo surge ROXANA
vestida de negro, com longos véus de
viúva. Ao seu lado, DE GUICHE, en-
velhecido, caminha. Aproximam-se
a passos lentos. MADRE Margarida
levanta-se.]

MADRE (*levantando-se*)
Vamos, irmãs, temos que ir rezar.
Deixemos a senhora passear.

IRMÃ MARTA (*baixo, à* IRMÃ CLARA)
É o duque de Grammont, o marechal?

IRMÃ CLARA
Creio que sim. Mas ele mal
tem tempo de vir vê-la. Faz meses
que não vem.

IRMÃ MARTA

No fundo
gosta dela. Mas é muito ocupado.
A corte, a guerra...

IRMÃ CLARA

São coisas do mundo!

[Saem. DE GUICHE e ROXANA descem em silêncio e param diante do bastidor. Pausa.]

SEGUNDA CENA

Roxana, o Duque de Grammont.

O Duque
E vai ficar aqui inutilmente
loura e de luto sempre?
Roxana

Sim, eu vou!

O Duque
Sempre fiel também?
Roxana

Ao meu amor
que a morte desfez.
O Duque (*depois de um tempo*)

Sinceramente,
diga: me perdoas?
Roxana

Mas se estou
aqui!

[Novo silêncio.]

O Duque
Ele era realmente...
Roxana
Era preciso conhecê-lo!

O DUQUE

              Não
o conheci. Só superficialmente.
E sua última carta? Continuas
a tê-la sempre junto ao coração?

ROXANA

Como coisa sagrada.

O DUQUE

             Ama-o assim
mesmo depois de morto?

ROXANA

             Para mim,
ainda está vivo e os nossos corações
estão unidos nesse amor sem fim.

O DUQUE (*depois de novo silêncio*)

E Cyrano? Costuma visitá-la?

ROXANA

Vem ver-me sempre, esse meu velho amigo.
É o meu semanário, que me fala
do mundo e aqui senta comigo
a conversar. Me dá muita alegria...
Brincando, ri desta tapeçaria
que não acabo nunca de fazer...

             [LE BRET surge na escadaria.]
Ora vejam quem chega! É o Le Bret!

             [LE BRET desce.]

Como vai seu amigo?

LE BRET

             Muito mal!

O DUQUE

Oh, não!

ROXANA

       Ele exagera!

LE BRET

           A coisa é séria!
Aconteceu aquilo que eu dizia
a Cyrano e ele nunca ouvia:
Agora é o abandono e a miséria.
Ataca o falso orgulho, a hipocrisia,
e continua a fazer inimigos!
Tem contra ele quase toda gente.

ROXANA

Mas ninguém tentará uma vingança
contra a espada tão ágil de um valente.

LE BRET

Claro, não me refiro a esse perigo.
Eu me refiro à fome e à solidão
que hoje o agridem no seu quarto escuro.
Essas espadas é que o matarão!
Do cinto, a cada dia, aperta um furo
a mais, e o nariz mais afilado.
E o terno, um só que tem, está desbotado.

O DUQUE

Cyrano nunca foi um oportunista!
Foi fiel a si mesmo a vida inteira!
Não o lamentes muito.

LE BRET (*com amargo sorriso*)

           Marechal!

O DUQUE

Não o lastimes. Viveu sem compromissos,
livre no que pensou e no que fez.

LE BRET (*como antes*)
Mas senhor Duque!

O DUQUE

O senhor talvez
não me compreenda, já que eu tenho tudo
e ele nada tem. Mas é por isso
que apertaria a sua mão.

[Cumprimenta ROXANA.]
Adeus!

ROXANA
Eu o acompanho.

[O DUQUE cumprimenta LE BRET
e dirige-se com ROXANA para a
escadaria.]

O DUQUE

Invejo-lhe a altivez.
Quando na vida se triunfa, o gosto
dessa vitória às vezes envenena
a vida, que é vivida a contragosto.
Mesmo eu que a ninguém nunca fiz mal!
Mas sinto quantas secas ilusões
vai arrastando este manto ducal,
quais folhas secas que, quando passeia,
o seu vestido arrasta nas aleias...

ROXANA (*irônica*)
Tornou-se sonhador?

O DUQUE

Sim! Sim!

[Ao sair, subitamente.]
Senhor

Le Bret!

[A ROXANA.]

Um momento. Com sua permissão.

[A LE BRET.]

Na verdade ninguém se atreveria
a atacar seu amigo. Porém, não
há dúvida, ele tem muito inimigo.
E ainda ontem alguém me dizia
que ele pode morrer num acidente.

LE BRET

Ah!

O DUQUE

Que evite sair! Seja prudente!

LE BRET

Prudência é uma virtude que aquele
não conhece! Mas eu o avisarei.
Mas que vem visitá-la, isso ele vem!

ROXANA (*vendo uma* IRMÃ *que se dirige a ela*)

Quem é?

A IRMÃ

É Ragueneau, deseja vê-la.

ROXANA

Mande-o entrar.

[À LE BRET.]

Vem lamentar-se da miséria.
Mas é um bom homem. Quis ser autor
e aos poucos transformou-se num cantor...

LE BRET

Músico

ROXANA

poeta

LE BRET

bedel

ROXANA

e professor
de flauta, além de ator... Não sei agora
que profissão terá...

RAGUENEAU (*entrando precipitadamente*)

Minha senhora!

[Vê LE BRET.]

Senhor!

ROXANA

Já volto!... Fala com Le Bret.

[ROXANA sai. Ele se dirige a
LE BRET.]

TERCEIRA CENA

LE BRET, RAGUENEAU.

RAGUENEAU

Melhor que ela não saiba. Ia chegando
pra visitar a Cyrano, e é quando
vejo-o sair e entrar por uma esquina...
Para alcançá-lo saí de carreira
e é então que vejo cair sobre ele
uma enorme viga de madeira.

LE BRET

Quem a jogou?

RAGUENEAU

Caiu de uma janela.
Dizem que por acaso...

LE BRET

Não me peça
que eu acredite nisso!

RAGUENEAU

E eu naquela
aflição...

LE BRET

Uns covardes!

RAGUENEAU

               A cabeça
de Cyrano, caído ali no chão,
tinha uma ferida que sangrava...

LE BRET

  Ele morreu?

RAGUENEAU

          Não. Mal se aguentava
nas pernas. Eu o carreguei até seu quarto...
Só vendo aquele quarto!... Respirava
sem forças, desmaiou...

LE BRET

                 Quanta maldade!
Tem médico?

RAGUENEAU

           Foi um, por caridade.

LE BRET

  Não acho bom contarmos isso a ela.
E o que disse o doutor?

RAGUENEAU

              Ele falou
de meninges, de febre e o aconselhou
a tomar as poções e repousar.
Vamos depressa que ele está
sozinho e até pode morrer!

LE BRET

             Pela capela
é mais ligeiro, encurta o caminho!

ROXANA (*aparecendo na escadaria, vendo que se afastam*)
Senhor Le Bret!

> [Os dois fazem que não escutam e se vão.]

Fez que não escutou.

Que lhe terá contado Ragueneau?

> [Desce as escadas.]

QUARTA CENA

ROXANA, só, depois duas IRMÃS.

ROXANA
Como é belo setembro que termina!
Até minha tristeza se ilumina!
Ela a que a força de abril deslumbra
prefere o outono, de ouro e de penumbra.

> [Senta-se com o bastidor. Duas IRMÃS saem da casa e trazem para debaixo da árvore uma poltrona.]

E aqui está esta bela poltrona
onde ele vem aos sábados sentar.

IRMÃ MARTA
É o melhor sítio para conversar.

ROXANA
Vocês me tratam como uma madona,
de tão gentis...

> [As IRMÃS afastando-se.]

Ele já vai chegar!

> [Senta-se. Ouvem-se bater as horas.]

Está na hora, o momento é chegado!
Meus cavaletes! — Sinto-me surpresa!
Virá na hora ou está atrasado
pela primeira vez? — Tenho certeza

que o vi! Chegou! É a irmã que o exorta
à penitência! — Ai, uma folha morta!

[Tira a folha que cai no bastidor.]

É a tesoura? — Aqui eu devo abrir...
— Nada no mundo o impedirá de vir!

Uma Irmã (*surgindo na escadaria*)
Senhor de Bergerac está na porta!

QUINTA CENA

ROXANA, CYRANO, IRMÃ MARTA, por um momento.

ROXANA (*sem se voltar*)
Eu não dizia?

> [Ela borda. CYRANO muito pálido, chapéu enterrado na cabeça, surge. Desce os degraus lentamente, com visível esforço, apoiando-se numa bengala. ROXANA continua a bordar.]

Ah, essas cores desbotadas! Como
fazê-las reviver?

[A CYRANO.]

Quatorze anos
e atrasado desta vez!
CYRANO (*que se senta na poltrona e fala num tom alegre
em contraste com sua expressão*)
Meus planos
era nunca atrasar, minha senhora!
Mas é que hoje alguém...
ROXANA
Alguém? Mas quem?
CYRANO
Uma visita... E eu perdi a hora.
ROXANA (*distraída*)
Já sei, um importuno.

CYRANO

Desta vez,
não: uma importuna é que chegou.

ROXANA

E não a recebeste, ao que presumo.

CYRANO

Não! "Hoje é sábado, lhe disse, e vou
fazer uma visita que é sagrada."
Volte-me dentro de uma hora e nada
obstarei...

ROXANA (*com leviandade*)

Creio que esta senhora
vai ter que esperar para te ver.
Não irás daqui antes do anoitecer.

CYRANO

Talvez eu tenha que partir mais cedo.

[Fecha os olhos e cala-se por um instante. A IRMÃ MARTA se aproxima e ROXANA faz-lhe um sinal com a cabeça.]

ROXANA

Não vais troçar da Irmã Marta, não?

CYRANO (*abrindo os olhos*)

[Com voz grave e cômica.]

Aproxime-se, Irmã, não tenha medo...

[A IRMÃ se aproxima.]

E os olhos lindos a fitar o chão!
Ah, ah, ah!

IRMÃ MARTA (*ergue os olhos e sorri*)

Mas...

[Vê-lhe o rosto e solta um grito de espanto.]

Oh!

CYRANO (*baixo, apontando* ROXANA, *sinal de silêncio*)
Não é nada não!

[Com voz de fanfarrão. Alto.]
Tive ontem carne em minha refeição!

IRMÃ MARTA
Eu sei.

[À parte.]
Por isso está tão abatido.

[Depressa e baixo.]
Quando quiser um bom caldo de carne,
venha comer conosco, eu o convido.

CYRANO
Sim, claro. É um convite irrecusável..

IRMÃ MARTA
O senhor hoje está mais razoável.

ROXANA (*que os ouve segredar*)
Quer converter-te.

IRMÃ MARTA
Não tenho intenção...

CYRANO
É certo? Fico mesmo impressionado
de que até hoje não tenha tentado...
Mas veja: agora quem vai se espantar
é a senhora...

[Tem o ar de quem imagina uma
piada.]
Ah! Não quer orar
por minha alma, à noite, na capela?

ROXANA
Oh! Oh!

CYRANO (*rindo*)
Pois eu lhe dou a permissão!

IRMÃ MARTA (*docemente*)
A permissão? Não esperei por ela!

[Sai de cena.]

CYRANO (*dirigindo-se a* ROXANA)
E esse bordado! Só o diabo sabe
se chegarei a vê-lo terminado!
ROXANA
Já esperava esse gracejo...

[A brisa faz cair algumas folhas.]

CYRANO

As folhas!

ROXANA (*olhando para longe*)
Têm a cor loura de Veneza... Olha-as!
CYRANO
E sabem cair bem. Ao seu trajeto
rumo ao chão, onde irão apodrecer,
imprimem um toque de leveza, ou o
charme aéreo que faz parecer
que sua queda não é queda é voo!
ROXANA
Pareces melancólico.
CYRANO

Eu? Não.

ROXANA
Esquece as folhas, e do que está vivo
me fala. É hora do informativo...
CYRANO (*cada vez mais pálido e lutando contra a dor*)
Sábado, dezenove: após jantar
oito vezes, o rei ficou com febre;
um golpe de lanceta fez pular

da barriga real uma lebre!
No palácio do rei este domingo
foram acesas setecentas velas
para que os convidados à luz delas
se dedicassem a jogar o bingo!
Enforcaram um homem e uma mulher.
O cachorrinho da senhora Athis
teve, coitado, de tomar clister!

ROXANA
Cyrano, Cyrano, para um instante!

CYRANO
Lygdamira já mudou de amante.

ROXANA
Oh!

CYRANO (*cujo rosto se altera mais ainda*)
A Corte foi para Fontainebleau.
Quarta: a Monglat diz não ao Conde d'Aze.
Villier ataca Higlop. Ele responde.
Quinta: a Mancini é rainha ou quase.
Sexta-feira: a Monglat diz sim ao conde.
Sábado, vinte e seis... a última frase...

> [Fecha os olhos. Inclina a cabeça.
> Silêncio.]

ROXANA (*surpresa*)
Desmaiou?

> [Corre para ele.]

Cyrano!

CYRANO (*reabrindo os olhos, fraco*)
Hein? O que houve?

> [Vê ROXANA debruçada sobre ele
> e com vivacidade enterra o chapéu

na cabeça e recua com terror na poltrona.]

Não, não foi nada, não! Nada demais!

ROXANA

É que...

CYRANO

Foi o meu ferimento de Arrás...
É que ele às vezes...

ROXANA

Cyrano, me ouve!

CYRANO

Não é nada. Já passa.

[Sorri com esforço.]

Já passou.

ROXANA (*de pé, junto a ele*)

Cada um de nós tem sua ferida.
Tenho a minha também, e ela não sara!

[Põe a mão no peito.]

Lá está a carta amarelecida
onde se pode ver inda bem clara
a mancha de seu sangue...

[Começa a cair a noite.]

CYRANO

Prometeste
deixar-me lê-la um dia.

ROXANA

Queres lê-la?

CYRANO

Sim, hoje... quero...

ROXANA (*passando-lhe a carta*)

Toma-a.

CYRANO

Posso vê-la?

ROXANA

Abre e lê... Eu sempre quis que a lesse.

[Volta ao bastidor, dobra, arruma as lãs.]

CYRANO (*lendo*)

"Roxana, adeus, eu vou morrer!... "

ROXANA (*surpresa*)

Mas, alto?

CYRANO (*lendo*)

"E será esta noite, ó minha amada!
Quando afinal darei o grande salto
para o além... e com alma iluminada
de amor por ti. E nunca mais terei
em meu olhar esse olhar que tanto amei... "

ROXANA

O modo como lês a carta dele!

CYRANO

"Onde eu adivinhava o teu amor...
Parecia afagar a minha pele
esse olhar cheio de ternura e ardor.
Recordo um gesto teu, pareço vê-lo
agora... É quando ajeitas o cabelo."

ROXANA (*perturbada*)

Como lês essa carta!

CYRANO

"E grito: Adeus!"

ROXANA

E lês...

Cyrano

"Querida minha, esta talvez... "

Roxana

com uma voz...

Cyrano

"Amor, todos os meus... "

Roxana

Essa voz... Não é a primeira vez que a ouço!

[Aproxima-se lentamente por trás da poltrona, debruça-se, olha a carta. A sombra aumenta.]

Cyrano

... sentimentos nesta hora
se voltam para ti, lembrança amada.
E se é verdade que te lembro agora,
além da morte inda serás amada... "

Roxana (*pondo-lhe a mão no ombro*)

Como consegues ler? Já não vês nada!

[Ele estremece, volta e vê que ela está ali. Baixa a cabeça. Silêncio. A noite já caiu por completo.]

Roxana

E ver que há tantos anos desempenhas
esse papel! De ser o velho amigo
que vem me visitar e que se empenha
em distrair-me!

Cyrano

Não, Roxana!

Roxana

Digo
a verdade. És tu!

CYRANO

Roxana, não!

ROXANA

E não tinha entendido essa emoção
com que dizes meu nome!

CYRANO

Por favor!

ROXANA

E aquelas cartas, sim, as escrevias
tu, Cyrano!

CYRANO

Eu não!

ROXANA

E o ardente amor
que vinha nas palavras e eu sentia,
eras tu.

CYRANO

Não!

ROXANA

E a voz na noite escura
eras tu!

CYRANO

Não, eu não!

ROXANA

Toda ternura
de que cada palavra se evolava
era tua ternura!

CYRANO

Eu não te amava!

ROXANA

Amavas sim!

CYRANO

Era Cristiano. Eu não.

ROXANA

Já agora negas sem convicção.

CYRANO

Eu não te amava, amor querido!

ROXANA

Agora
todas as coisas que tinham morrido
renascem!... E tu, meu Cyrano, anos afora,
sufocando esse amor tão dolorido!
As lágrimas na carta eram tuas?

CYRANO

O sangue não.

ROXANA

Eu sei. O que me foge
agora ao entendimento é... por que hoje,
exatamente hoje, decidiste
quebrar esse silêncio?

CYRANO

E quem resiste?

[LE BRET e RAGUENEAU entram
correndo.]

SEXTA CENA

Os mesmos, Le Bret e Ragueneau.

Le Bret
  Vê! Eu sabia que ele estava aqui!
Cyrano (*sorrindo*)
  Quem vejo!
Le Bret
            Não devia levantar-se.
  Isso é a mesma coisa que matar-se!
Roxana
  Meu Deus! Então... Por que não percebi?
  Estava tonto há pouco...
Cyrano
                          É verdade!
  Tenho que terminar o informativo:
  "Sábado, vinte e seis, sem ter jantado,
  monsieur de Bergerac é assassinado!"

> [Tira o chapéu e veem-lhe as ataduras que lhe envolvem a cabeça.]

Roxana
  Que diz? Está ferido! O curativo!
  Por que fizeram isso? Inda lhe dói?

CYRANO
"Tombar vencido por golpe certeiro
no coração, nas mãos de algum herói!"
Isso eu dizia, mas... o zombeteiro
destino não deixou. E assim eu caio
morto, à traição, por um simples lacaio.
Lamento não ter tido melhor sorte...
Falhei em tudo, até na minha morte!

RAGUENEAU
Ah, meu senhor!

CYRANO
Não chores, Ragueneau!

[Estende-lhe a mão.]

Que fazes tu agora?

RAGUENEAU (*chorando*)
Eu, meu senhor?
Trabalho como acendedor de velas
na casa de Molière.

[CYRANO balança a cabeça.]

Mas amanhã
me despeço! Na peça *Scapin*,
representada ontem, há uma cena
que é sua e ele roubou! Ah, fiquei brabo!

LE BRET
A cena toda?

RAGUENEAU
A famosa: "Que diabo
irá ele fazer?"

LE BRET (*indignado*)
Ele a roubou!

CYRANO

Tchu, tchu! Ele está certo!... Ragueneau,
a cena estava bem? Foi aplaudida?

RAGUENEAU (*soluçando*)

Riram demais! O pessoal gostou!

CYRANO

É o que interessa... Em toda a minha vida
fui aquele que inspira e a gente esquece!

[A ROXANA.]

Lembra da noite em que você estava
no balcão e Cristiano te falava?
Assim foi minha vida, minha história:
fiquei sempre na sombra a inspirar
os que colheram o beijo da vitória!
Por isso mesmo é correto dizê-lo:
Molière tem gênio e Cristiano era belo!

[Naquele instante ouve-se o sino
da capela e ao fundo as freiras pas-
sam para a missa.]

Já que o sino tocou, devem rezar!

ROXANA (*erguendo-se*)

Irmã!

CYRANO

Não! Não vá chamar ninguém agora!
Não me demorarei a ir embora.

[As freiras entraram na capela.
Ouve-se o órgão.]

Faltava-me a harmonia. Agora a tenho!

ROXANA

Eu te amo! Vive!

CYRANO

        Não! Eu não desdenho
o teu amor, Roxana. Mas somente
nos contos é que o príncipe valente
torna-se lindo ao ouvir a frase: "eu te amo"!
Na vida, não, na vida é diferente.
Por mais puro que seja o teu amor
ias sempre me ver tal como sou!

ROXANA

Eu te fiz infeliz! Fui eu! Fui eu!

CYRANO

Pelo contrário, me mostraste o céu!
Minha mãe não me amou. Não tive irmã.
Das amantes temi a zombaria.
Você foi meu veludo, minha lã,
minha seda... foi a coisa macia
que eu tive e mal rocei sequer...
De qualquer modo, a única mulher.

LE BRET (*mostrando o luar que atravessa os ramos*)
Mas uma outra amiga vem te ver.

CYRANO (*sorrindo à Lua*)
Sim...

ROXANA

       Tive um só amor em minha vida
e tenho duas vezes que o perder!

CYRANO

À Lua vou subir, meu bom Le Bret,
mas sem máquina. Dela não preciso.

ROXANA

Que dizes?

CYRANO

       Vão erguer meu paraíso
na Lua, onde já estão, perto do céu,
o amigo Sócrates e Galileu.

LE BRET (*revoltado*)

É absurdo demais! Não pode ser!
Um poeta, assim, um homem, assim, morrer!

CYRANO

Chega Le Bret. Para de resmungar!

LE BRET (*chorando*)

Meu amigo querido...

CYRANO (*erguendo-se desvairado*)

       Os Cadetes
da Gasconha! essa massa elementar...
Aqui está o *hic*...

LE BRET

       A ciência...
o seu delírio!

CYRANO

       Copérnico disse.

ROXANA

Oh! Deus do céu, eu vos peço clemência!

CYRANO

Mas que diabo iria ele fazer?
nessa galera? no mar se perder?
       Físico e filósofo! Sim,
       músico, poeta e espadachim,
       viajante cósmico
       Respondendo ao ataque até o fim!
       Amante também foi — do amor que dói!

                    Aqui jaz o nosso herói:
                    Hércules-Saviniano
                    de Cyrano de Bergerac
              Homem que tudo foi e nada foi!
Perdão! Não vou fazerem me esperar.
O raio de lua veio me buscar.

> [Torna a sentar-se. O choro de ROXA-
> NA chama-o à realidade. Olha-a e
> acariciando-lhe os véus.]

Não desejo que esqueças nosso belo
Cristiano, tão bom e encantador.
Quero fazer-te apenas este apelo:
é que por mim também seja esse luto,
a dupla perda de um mesmo amor.

ROXANA

Sim, eu prometo!...

CYRANO (*que se levanta subitamente*)
                    Na poltrona não!

> [Tentam ampará-lo.]

Não! Vão pra lá! Que ninguém me sustente!
Ninguém me ampare!

> [Encosta-se na árvore.]

                    A árvore somente!

> [Silêncio.]

Ela já vem! Me pesa o coração.
De pé, a espero

> [Tira a espada.]

              e com a espada na mão!

LE BRET

Cyrano!

ROXANA (*desfalecendo*)
Cyrano!

[Todos recuam espantados.]

CYRANO
Ela me espera!
E se atreve a fitar-me, essa Megera!

[Ergue a espada.]

Que dizes? Que é inútil eu me bater?
Mas não se luta só para vencer!
A luta inútil é a glória que eu mereço!
E quem sois vós? Quantos sois vós? Sois mil?
Meus inimigos! Eu vos reconheço!
A mentira?

[Dá um golpe no vazio.]

Os preconceitos, a vil
hipocrisia...

[Outro golpe.]

A espada eu vos destruo!
A Farsa!... Com vocês não compactuo!
Jamais! Jamais! E tu também, Tolice!
Corrupção, Venalidade, Sabujice!
Essa batalha, eu sei que vou perder.
Mas não importa, luto até morrer!

[Dá uma série de golpes e para
ofegante.]

Podem levar o meu laurel, a rosa,
o que quiserem, porque há uma coisa
que não me tirarão e é o que importa!
E esta noite, quando chegue à porta
do céu e diante de Deus pai, me abaixe
num cumprimento inda a terei comigo

[Arremete de espada erguida.]

E ela é...

[Cai-lhe a espada da mão, cambaleia, tomba nos braços de Le Bret e Ragueneau.]

Roxana (*debruçando-se sobre ele e beijando-lhe a testa*)
O quê?

Cyrano (*reabre os olhos, a reconhece e diz sorrindo*)
O meu *panache*.

FIM
DO ÚLTIMO ATO

SOBRE O AUTOR

EDMOND ROSTAND tinha 29 anos quando estreou, no teatro Porte Saint-Martin, em Paris, em julho de 1897, a peça *Cyrano de Bergerac*. O êxito foi absoluto, consagrando definitivamente seu autor que, no ano seguinte, era distinguido com a Légion d'Honneur.

Filho de Eugène Rostand, jornalista e poeta, Edmond nasceu em Marselha a 1º de abril de 1868. Fez com brilho seus primeiros estudos em Marselha, cursando depois em Paris o Colégio Stanislas. Aos 19 anos, com um ensaio sobre *Dois romancistas de Provence, Honoré d'Urfé e Émile Zola*, ganha o prêmio da Academia de Marselha. Por vontade do pai, matricula-se na Faculdade de Direito e, interessado por Rosemonde Gérard, filha de um marechal do Império, frequenta o salão de Leconte de Lisle. Em 1889, escreveu em parceria com Henry Lee, primo de Rosemonde, a peça *Le Gant Rouge*, que vai à cena no teatro Cluny e fracassa. No ano seguinte, casa-se com Rosemonde e publica seu primeiro livro de poemas *Les Musardises*, que foi bem acolhido pela crítica. Escreve também a peça *Les Deux Pierrots*, em versos, que é rejeitada pela Comédie Française. Trabalha em vários projetos de peças, entre as quais *Les Romanesques*, que é montada pela Comédie. Escreve para Sarah Bernhardt,

La Princesse Lointaine que, levada à cena, fracassa. Mas, no ano seguinte, *La Samaritaine*, protagonizada por Sarah Bernhardt e com música de Gabriel Pierné, obtém êxito. Depois do sucesso de *Cyrano de Bergerac*, Rostand escreve *L'Aiglon* que, em 1900, é montada com Sarah Bernhardt e Lucien Guitry nos principais papéis. Atormentado por problemas pulmonares e neurastenia, transfere-se para Cambo, nos Pirineus, onde passará a maior parte do tempo. Em 1901, é eleito para a Academia Francesa. Trabalha obsessivamente na peça *Chantecler*, que nunca dá por terminada. Finalmente, em 1908, envia o texto da peça a Coquelin que morre durante os ensaios. O papel é dado a Guitry. A peça estreia em 1910 e decepciona. Rostand escreve uma pantomima, *Le Bois Sacré*, que é montada no teatro Sarah Bernhardt no mesmo ano. Em 1913, Walter Damrosch apresenta no Metropolitan Opera de New York uma versão musicada de *Cyrano de Bergerac*. A milésima apresentação da peça é comemorada esse ano no teatro Porte Saint-Martin. Em 1914, deflagra-se a guerra. Rostand, doente, não se engaja, mas manifesta solidariedade aos combatentes e passa cinco dias no *front* de la Champagne de Loraine. Interessa-se pelo cinema, ao ver, em 1916, *O Delito*, filme de Cecil B. de Mile. Em outubro desse ano, publica seus poemas sobre a guerra num volume intitulado *Le Vol de la arseillaise*. De volta a Paris, em novembro de 1918, contrai a gripe espanhola e morre a 2 de dezembro, aos 50 anos.

Este livro foi impresso nas oficinas da
DISTRIBUIDORA RECORD DE SERVIÇOS DE IMPRENSA S.A.
Rua Argentina, 171 - Rio de Janeiro, RJ
para a
EDITORA JOSÉ OLYMPIO LTDA.
em junho de 2011

*

79º aniversário desta Casa de livros, fundada em 29.11.1931